KB151144

허영만의 주식 타짜

| 일러두기 |

이 책은 《허영만의 주식 타짜》(2020)를 분권하여 만든 개정판입니다.

허영만의

주식
타짜

가치 평가의 대가들

글·그림 허영만

가디언

타짜들에게는 비장의 무기가 있다

"타짜"란 본인의 노름 만화의 제목이다.
어떤 분야에서 발군의 실력을 가진 사람이라는 뜻인데
노름 타짜, 야구 타짜, 연애 타짜 등등 많은 타짜들이 있다.
여기에서는 주식 타짜를 다룰 것이다.

여의도의 주식시장에는 워낙 운용 규모가 커서
사방에서 알아주는 타짜도 있지만
곳곳에 숨어서 개인적인 투자를 하는 타짜들은
서로를 잘 알지 못하는 경우도 있다.
자타가 공인하는 타짜 몇몇의 인터뷰는 실패했다.
바깥세상에 노출되어야 이로울 것이 없다는 것이다.

책으로 알게 됐거나 인터뷰가 가능했던
주식 타짜들의 스토리는 큰 줄기에서 비슷한 것들이 많다.
처음에는 잘나가다가 왕창 까먹고
한강에 한 번씩 갔다 와서 재기했다거나
혼란스러웠던 순간은 IMF와 9.11 테러 사건 때였다는
이야기 등이 어김없이 나온다.
그러나 그들은 그 어려웠던 순간을 기회로 삼았고
디딤돌을 마련했다.

다시 그런 순간이 온다면 우리도 그들처럼
주식으로 큰돈을 만질 수 있을 거라 생각할 수 있다.
하지만 그것은 쉽지 않다.
우리는 아직 준비되지 않은 맹탕들이기 때문이다.
어려움을 극복한 그들에게는 비장의 무기가 있었다.
그래서 우리도 기회가 왔을 때 놓치지 않도록
주식 타짜들의 투자 비법을 배워야 한다.
이것이 부자로 가는 길이다.

허영만

Cont

ents

3

고액 배당주,
펀드 투자 전문가 직장인 고수

김철광 · 205

허영만의
주식
타짜
가치 평가의 대가들

1

주식투자부문 최초
트리플크라운 달성 슈퍼개미

이정윤

밸런스투자아카데미 대표

주식거래하는 사무실 가면
이렇게 과자를 내놓던데 왜 그런가요?

음~ 단것이 자주 땡깁니다.

왜요?

스트레스받으면 그런가 봅니다.
스트레스받으면 담배나 술을 하잖아요?
그런데 장중에는 담배나 술을 못 하니까
사탕이나 초콜릿을 먹으면
좀 나아요.

오늘 인터뷰 요지는 아시죠?
주식 만화에 넣을 겁니다.

선물로 책 가져왔습니다.

아, 이 책 있습니다.
네 권 다 읽었습니다.

와우! 원래 있었군요!

솔직히 말씀드리면
인터뷰 요청 전화받은 날 주문해서
저랑 전 직원들이
모두 읽었습니다.

재미있었습니까?

전업 투자자 입장에서는
지루한 면도 있었지만
초보자에게는
유용했을 겁니다.

사실 그것이 문제입니다.
그래서 전문 투자자들의 얘기를
초보 투자자에게 전달하는 식으로
꾸려가고 있어요.

전작 주식 만화《3천만원》에서 얘기했듯이
저는 돈 생기면
전에는 부동산을 샀었고,
요새는 은행에 맡겨두고 끝이거든요.

바보라고요.

그래서 독자들은 주식에
신경을 써보시라는
제안식 만화입니다.

마누라가 남편이《3천만원》주식 만화 하는 걸 보고
주식에 손댈까 봐 조마조마했었는데
주식 만화가 끝나니까 '휴~' 하고 한숨을 쉬더라고요.

아닌 게 아니라 매수 초기에는 20% 수익이 났던 것이
나중엔 추락해서 최고 20%까지 손실을 보고 있었다.

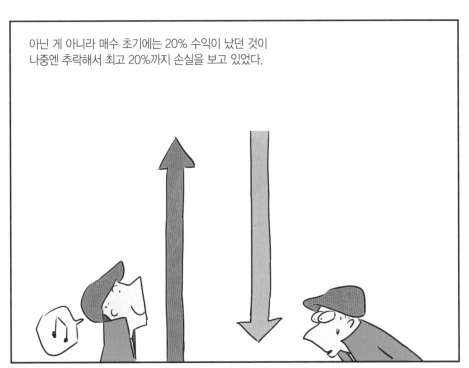

선수들 같으면
손절했겠지만
꿋꿋이 버텼다.
조금씩 조금씩
반등하기 시작했다.

매수하고 6개월이지만
지금은 15%의 수익을 올리고 있다가
다시 7% 손실이다.

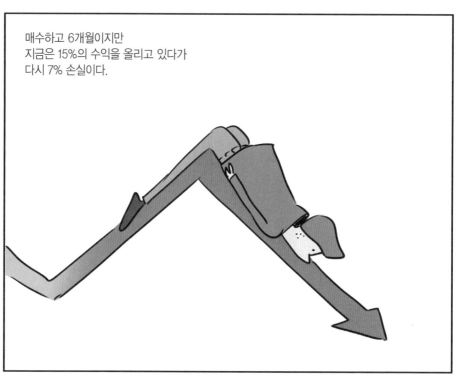

노후 자금을 일부 투자한 이유는 이렇다.

3~4년 후 라면으로
끼니를 때울 것인가!

아니면 칼질하면서
와인을 마실 것인가!

남편과 부인이 서로 모르게 주식거래를 한다.

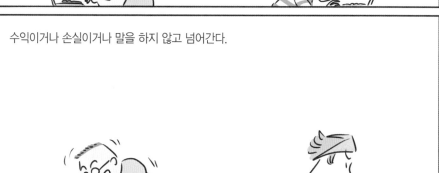

수익이거나 손실이거나 말을 하지 않고 넘어간다.

수익이 생기면 자신의 비상금이 늘어나고
손실이 생기면 상대에게 욕먹기 싫어서다.
그래서 말을 아낀다.

그럼요.
저는 실명으로
책을 두 권 냈기 때문에
상관없습니다.

인터뷰 내용이
이정윤 대표 실명으로
나가도 괜찮습니까?

제가 엘리트 코스를 밟은
투자자가 아니기 때문에
재미있는 굴곡은 있을 겁니다.

ㅎㅎ 기대가 큽니다.

이 바닥에서 투자로 성공을 했다 하면
어느 정도 액수를 얘기하는 거죠?

운동선수 같으면 랭킹이 있으니까
가늠하기 쉽고
바둑이라면 단을 얘기하니까
알기 쉽지만
주식은 사실 잘 알 수가 없어요.

나
100억 벌었어

이러면 통장을 보여줄 수도 없는 것이고….
혹은 이걸 앞세워 무슨 일을 꾸미고 있는
사기꾼일 수도 있고….

그래도 소문이 도는
투자자가 있을 것 아닙니까?

성공했다는 것의
공신력이 있습니다.

박영옥 주식농부 같은 분은
한 종목을 5% 이상 소유해서
지분 공시를 몇 번 했기 때문에
대외적 신뢰가 있는 것이죠.

아! 최소한
지분 공시 한 정도는
벌었구나

● 대량 보유 보고(일명 5% 룰)
지분 공시 제도 중 하나. 특수 관계자
를 포함한 개인이나 법인이 상장회사
의 지분을 5% 이상 보유하게 된 자는
그날부터 5일 이내에 보유 상황을 금
융감독거래위원회와 거래소 또는 협회
에 보고해야 한다는 규정

또 투자 대회에서 입상을 하면
공신력 있는 투자자라고 생각합니다.

우리나라에 이 두 가지를 함께 한 투자자가 없는데
그 이유는 주로 5% 지분 공시는 장기 투자자들이 하고,
투자 대회 입상은 단기 투자자들이 하기 때문입니다.

그런데 저는 5% 지분 공시도 했었고
키움증권 실전투자대회에서
4년 연속 수상(2013~2016년)도 했기 때문에
자의 반 타의 반 공신력이 있는 투자자라…
생… 각….

주식 투자자 중 여유 자금을 가지고 투자한다면
중장기 투자를 선호할 것이고,
적은 돈으로 하루 종일 매매하는 사람들은
투자 대회 우승자를 선호할 것이다.

어떻게 이 바닥에
들어오셨는지
과거 얘기 좀 해주세요.

저는 26살에 공군 입대해서
28살에 결혼을 했어요.
병장 제대하기 전에요.

28살에 결혼?
그것도 공군 병장이?
뭐가 급해서?

저의 집도
불교 집안이고
아내 집도
불교 집안이었는데

불교에서는
아홉수가 불길하다고
29살 2월에 제대하고
결혼한다니깐
안 된다는 거예요.

28살에 결혼 못 하면
29살 한 해는 꼬박 넘겨야 하는데
그러고 싶지는 않았던 거죠.

공군 병장 말년 휴가 겸
처가댁 친척들과 상견례를 했다.

그 자리에 참석한 친척 아저씨께서 술을 권하면서

그래,
어느 회사
다니나?

저 군인입니다.

아! 장교인가 보군.
대위? 중위?

병장입니다.

워… 월급은?

12,000원입니다.

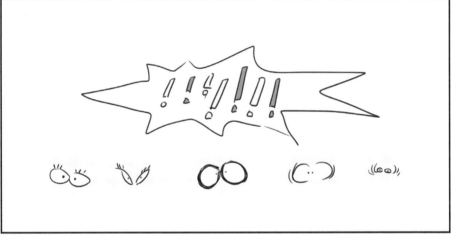

사돈댁이
부자인가 보지?

험!

험!

이정윤은 어렸을 때부터
부자가 되는 것이 꿈이었다.

구체적으로 미래의 꿈이
대통령, 연예인, 선생님, 만화가 등이 아니고 그냥 부자.

집안이 부자도 아니었고,
의대나 법대를 나와서 미래가 확실한 것도 아니었다.

부자가 되기 위한 첫 번째 구체적 시도는
갬블러가 되는 것이었다.

타짜의 고니

아무것도 가지지 않은 자가
빨리 돈을 벌 수 있는 방법은 도박이었다.

100만 원 가지고
1억 벌면 부자 되는 거지.

1억 가지고 100억 벌면
부자 되는 거지.

고등학교, 대학교 때
〈타짜〉 만화, 영화를
수십 번 봤어요. 흐흐~

하하~

그래서 도박도 해보고 경마도 해봤지만
그것은 부자가 되는 방법이 절대 아니었다.

결국 게임 머니는 현장에서 전부 가져간다는 계산이 나왔다.
경마장이나 하우스나 카지노에 갖다 바치는 수수료가 높았다.

당시 주식은 0.4% 정도 거래세를 냈어야 했는데
다른 도박에 비하면 무척 양호했다.

주식은 테이블 머니에서
삥 뜯어 가는 것이
아주 조금인데….

대학교 때와 군대 근무 때 집중적으로 공부했다.

주식 공부를 제대로 하면
큰돈을 벌 수 있겠다.

당번 시아드지!

군대에서 복무하는 동안 모은 돈 100만 원 정도로
주식 계좌를 트고 거래하기 시작했다.

이 병장
어디 갔어?

또 전화하고
있어요.

예, 그거 시세대로
30주 사주세요.

군대에서 행정병이었기 때문에 신문 구독이 가능했다.
96년, 97년, 98년 군 복무 동안 군대에서 IMF를 겪었다.

여지없이
IMF 얘기가
나오는구나.

지금 밖에는
난리들 났어.
IMF 때문에
경제 상태가
엉망이야.

주가는 매일매일
폭락하고
회사는 맥없이
쓰러지고…. 어휴~

제대하기 겁난다.

이정윤은 99년 2월에 제대했다.

이젠 매일 같이 자자!

자기야!

주식으로 20년 동안 잘해왔는데
남들이 비결이 뭐냐고 물으면
'투자를 시작할 때 운이 좋았고,
그 운을 노력으로 잘 지켜냈다'고 말합니다.

98년에 IMF가 끝나고
99년은 주가가 팍팍 뛰어오르던 때였다.

저는 경영학을 전공했고,
주식을 공부해서
제대 후 99년, 2000년 2년 동안
제 친구들이 한 달에 200만 원 월급 받을 때
저는 주식으로 한 달에 5000만 원 벌었거든요.

김대중 대통령은 임기를 시작하면서
경제정책을 최우선으로 펼쳐나갔다.

그때 코스닥 시장이 열렸다.

도날드 닥!
코스닥!

40대, 50대 투자자들은 코스닥을 무시했다.

젊은이들은
500만 원, 1000만 원 가지고
10억, 20억 벌었대.

흥! 도박하는 거야.
얼마나 가겠어?

벤처 열풍이 불었다.
나이 든 투자자들은 벤처를 쳐다보지도 않았다.

그러나 벤처 투자 종목들에서 수익이 많이 생겼다.
이제는 나이 든 투자자들도 인정하지 않을 수 없었다.

우리를 하늘같이 보던
젊은이들이
한참 위에서 놀고 있구만.

하이고~

1999년, 2000년 장은
30배 수익, 50배 수익도 나왔으니까
요즘 '두 배 먹었네' 하는 정도는
크게 안 느껴져요.

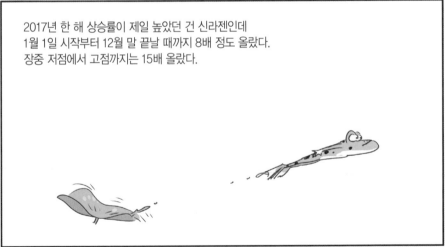

2017년 한 해 상승률이 제일 높았던 건 신라젠인데
1월 1일 시작부터 12월 말 끝날 때까지 8배 정도 올랐다.
장중 저점에서 고점까지는 15배 올랐다.

피터 린치(Peter Lynch)가
말하는 텐 배거(Ten Bagger),
즉 10배짜리 종목이 우리나라에서
많이 나오지 않거든요.

2017년에도 10배 오른 종목은 없었고,
2018년에도 없었어요.
올해는 어떻게 될지 두고 봐야겠죠.

1999년, 2000년에
얼마나 수익이 있었죠?

수십 억 벌었는데
지금으로 따지면
100억 정도 번 거죠.

서울에서 살다가
아버지 사업 부진으로
지방으로 이사를 가서 살게 되었어요.
거기서 군대도 갔고 결혼도 했죠.

와이프한테
결혼반지는 사주셨어요?

그럴 리가요!

세상에 딱 불알 두 쪽인 남자한테
시집온 부인이 대단하시네요.

와이프가 그러더라고요.
그때 벤처 붐이 일었는데,
자기는 나를 벤처기업으로
생각하고 결혼했답니다.

하하!
투자 제대로 하셨네요!

저랑 결혼하면
억울하지 않고
손해 보지 않고
살 것 같았답니다.

선구안이 있으셔.

내 마누라는 결혼 전에
내 뒷조사 다 했어요.
만화 친구들한테
'허영만이 어떤 사람이냐'라든지
대본소 가서
'허영만 만화 잘 팔리냐'는 등….

그런 분이 주식해야
합니다. ㅎㅎ

딱히 부자가 되고 싶은 이유가 있었어요?

아주 가난한 집안은
아니었지만 그렇다고
하고 싶은 걸
다 할 수 있는
집안은 아니었어요.

부자가 되고 싶었던 이유는
내가 하고 싶은 걸 하고
싶어서였습니다.

어려서 태권도, 피아노, 테니스, 수영을 하는
또래 아이들이 무척 부러웠어요.
커서는 부모 덕으로
해외 유학 가는 사람들이 부러웠고요.

이제는 여유가 있으니까
그때 못한 취미 생활을
하고 있습니다.

아이스하키, 테니스,
보드도 정식으로 배웠고
경희대학교 와인 석사과정을
이수했습니다.

20대 후반, 결혼 생활을
지방의 작은 13평 전셋집에서 시작해서
주식 시작한 지 2년 만에
강남에 30평대 아파트로 이사했지요.
그때를 생각하면 지금도 너무 기분이 좋네요.
3~4년 동안 돈 버는 재미가 너무 좋았어요.

그러더니 돈 버는 재미도 시들해졌다.

장이 예전 같지 않아서
많이 벌지 못했던 것도 원인이었다.

부자가 아니어서 못했던 것 중
하나를 하기로 했다.
해외 유학.

돈 버는 일을 멈추고 2002년도에 캐나다로 유학을 갔다.

돈을 너무 쉽게 벌어서
거만했던 겁니다.

'돈 그거 아무 때나
또 벌면 되지.'
뭐 그런 거….

그 나이에 큰돈을 벌면
다 그렇게 될 겁니다.

캐나다에서 2년을 보내다 2004년에 귀국했다.

공부는 계속하지 못하고 돌아왔지만 소득은 있었다.
세 식구가 네 식구로 됐으니까.

저는 항상 밑지고는
못 삽니다. ㅎㅎ

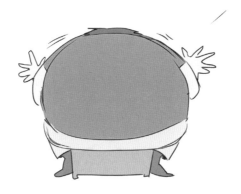

귀국해서 고민을 했다.

주식투자 기술은 있고
돈도 있으니까 전업 투자자로 살까?

아직 젊으니까
제도권에 들어갈까?

제도권에 들어가면
뭐가 달라지죠?

40, 50대 될 때까지
제도권 투자 회사의
펀드매니저로 성공해서
직원을 두고
사장을 하고 이런 거죠.

다른 사람들이
우리 아이들에게
아빠 직업이 뭐냐고 물을 때
'주식투자해요'보다는
'○○ 회사 사장이에요'라고
하는 것이 더 낫다고
그 당시는 생각했었던 거 같아요.

타이틀의 필요성이네요.

학교에서

네 아빠 뭐하셔?

울 아빠 주식투자가야.
100억 벌었어.

아이들이 100억의 규모를 알 리 없다.

그걸로 아파트
몇 채 살 수 있어?

몰라.

학부모 모임이나 아파트 모임에서
이런 얘기가 나올 것이 뻔했다.

집에서 컴퓨터
앞에 앉아 주식한대.

어머, 출근 안 하셔?
부인이 힘들겠다.

이런 문제들은 시간이 지나면
해결되는 문제들이라 무시할 수 있었지만,
우선 가족에게 당당하고 싶었다.

그래, 내가 경영학과 출신이니까
세무사 공부를 하자!

곧 세무사 자격증을 따서
세무사 사무실을 내고 세무사 일을 했다.

신림동에서 세무사 공부를 열심히 할 때
같이 공부하던 후배들은 고개를 갸우뚱했다.

형은 주식해서
돈 많이 벌었다면서
이 공부 왜 해요?

다 까먹었어요?

세무사 돼서 열심히 해봐야
1년에 1억 정도 버는 걸
돈 많은 사람이 왜 고생하느냐는
당연한 질문이었다.

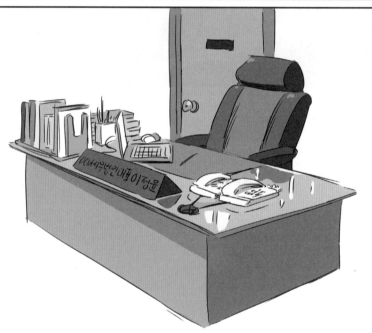

사실 의도한 바가 있었다.
세무사 사무실 내 방에서
주식투자를 하고 있었다.

남들이 보기에는 세무 업무가 주업이고
주식투자는 부업이었다.

그러나 내 주업은 주식이었다.

3시에 장이 끝나면
테니스 치러 가고 수영하고….
이런 생활을 10년간 계속했다.

대체로 경제적으로
무난하게 왔군요.

그런데 가끔 불안합니다.

이런 거 있잖아요.
'어렸을 때
놀지 않은 사람은
언젠가는 놀게 되어 있다.'

'총량 불변의 법칙' 이런 거요.

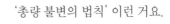

언젠가는 놀고,
언젠가는 술 마시고,
언젠가는 방황하고….
할 짓은 꼭 다 한다 이거죠.

그렇게 따지면
저는 총량 운이 좋았어요.
그래서 가끔
걱정이 됩니다.
한 번은 깨질 수 있다는….

이정윤 대표가 존경하는 외국인 투자자는
제시 리버모어(Jesse Livermore)다.

추세 매매의 창시자이며,
지금도 성공한 투자자들에게 전설의 투자자로 꼽히지만,
리버모어는 세 번 파산을 했고,
마지막에는 권총 자살로 생을 마감했다.

저는 제시 리버모어의 추세 매매에서
수익을 만들었다면,
제시 리버모어의 인생에서
주식투자의 위험을 보고 배웠습니다.
수익도 중요하지만
위험관리도 매우 중요한 것이라는
사실을요.

가끔 강의 나갈 때 보면
주식투자를 너무 쉽게 생각하는 분들이 정말 많아요.

여윳돈이 10억이라면
1000만 원, 1억은 부담 없이 할 수 있다.
허나 재산이 5억인데
5억을 통째 들고나와서 쉽게 하면 안 된다.

죽느냐!
사느냐!

뒤에 가족이 있다.

그돈 $\frac{1}{4}$씩
나누자!

아빠
죽으려거든
혼자죽어

5억

내가 아는
전문 투자가가 둘 있는데
한 사람은 7억,
한 사람은 3억으로
매매를 한대요.

수익이 넘치는 걸
그대로 두면 7억이
8억, 9억 될 텐데
그 액수만 유지하고
넘치는 것은 빼낸대요.

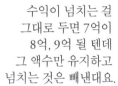

'그렇게 유지해야지
구멍이 생기더라도
크게 생기지 않는다.
내가 꾸려가기
가장 좋은 규모가
이 정도다.'

라고 말하는데
맞는 얘기인가요?

그것은 투자 스타일이나 위험도에 따라
완전히 답이 달라집니다.

우리가 고스톱 칠 때
'쓰리고' 할 수 있는 패인데도
약간의 위험이 존재하면
'원고'나 '투고'에서
스톱하는 스타일이 있고,

100% 독박인데도
'쓰리고' 가는
스타일이 있어요.

나는 어떤
스타일 인가?

첫 번째는
지속적인 수익을
얻기 위한 유형이고,

두 번째는 한방에
끝을 보겠다는
유형입니다.

나는 첫번째와
두번째를 섞은
혼합형 스타일

다시 말하면
분산투자냐 집중투자냐로
나눌 수 있습니다.

그 사람들은
분산투자한대요.

재무 관련해서 위험 인수자와 위험 회피자가 있는데
이 경우는 전적으로 위험 회피자다.

종목도 완전 분산투자이고
넘치는 금액은 덜어내니까
좋은 투자 전략이지만
수익률 측면에서 보면 높지 않다.

위험률이 높을수록
수익률도 높아진다.

선생님, 그쪽은
물웅덩이가 있는데요.

잘라 가는 것보다
바로 때려서 올리기만 하면
오늘 장사 끝이야.

위험한 장사가
마진이 높은 법.

고우영 선생님
골프와 청하를 너무나
사랑하셨던 봄

제가 주식투자 초보 시절에
큰 수익을 올렸던 것은
신용까지 써가며
집중투자를 했기 때문이었어요.

저의 공격적인 성향이
상승 장과 맞아떨어진 거죠.

만약 그때 '돈을 늘리면 안 돼',
'열 종목으로 나눠 들어가야 돼'라고 했더라면
많이 벌어봐야 1억 정도 벌었을 것이다.

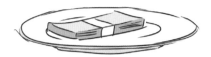

이 문제는,
자신의 운용 금액, 투자 스타일, 나이, 목표 등
여러 가지를 분석해보면
케이스 바이 케이스다.

정답은 없다.

초기 2년 동안에 많은
돈을 벌었는데
그 돈을 지키는 것도
문제였겠네요.

20년 동안
잘 지키고 있습니까?

사실 주식투자에서
제일 중요한 것은
살아남기입니다.

사실 죽으면
그만이잖아요.

주식투자자가 죽는다는 것은
생명이 끝나는 것이 아니다.
계좌가 없어지는 것이다.

계좌의 금액이 오르내림은 있겠지만
장기간 그 계좌를 유지하고 있다면 살아 있는 것이다.

지금은 세무사 일을 접고 주식투자에 집중하고 있다.
초기에 만든 수익도 잘 지키고 있다.
이정윤 대표는 살아 있는 것이다.

이정윤 대표는 그때 번 돈을
여지껏 지키고 있는 이유를 이렇게 말한다.

본능적으로 위험을 느끼는 감이 있고,
학습으로 위험을 피하는 방법을 배워나갔기
때문이죠.

주식투자자가 1년 만에 돈을 좀 벌고서
스스로 성공했다고 생각하는 것은 매우 위험하다.

상승 장과 하락 장의 사이클을 겪어야 하는 데
적어도 수년이 걸리기 때문이다.

2017년 1년 동안
세계 경기가 살아나면서
장이 참 좋았죠.

그때 코스피 지수가 3,000포인트
간다고 다들 흥분했었지요.
주식 초보자들도 아무거나 사면
오르고 했고요.

주식 초보자들 중에도 그 1년 사이에
두 배, 세 배 번 사람도 있었다.

주식해서 수익이 나면
내가 잘했다고 자만한다.

이러다가 하락 장 맞으면
3억 올랐던 것이 2억 빠지고 1억만 남는데
본전은 3억이라고 생각한다.

그리고 원금까지 축이 나면
세상 욕하지
자신을 욕하는 사람은 없다.

아까 70만 원까지 땄었으니까
본전이 70만 원이지 인마!
계산도 못 하냐?

초년의 수익은
운이 좋았다고 말했는데
그 운은 아직도 존재해요?

이제는 운에 기대지 않는다.
초기에 성공한 뒤 곧바로 이런 생각을 했다.

공부를 열심히 해서
번 돈을 지켜야지!

원칙을 세우기 위해서
차트 공부도 하고 서적을 많이 읽었다.

상승 장이 크면
하락 장도 온다.

그때는 어떻게
할 것인가.

2000년 밀레니엄 파동,
노무현 전 대통령 탄핵 위기,
2008년 세계 금융 위기….

주식이 언제든지
반 토막 날 수 있는 위기가
여럿 있었지만 잘 버텨냈다.

이 대표는
몇 퍼센트 정도의
수익률을 생각하죠?

목표 수익률이
상당히 낮아졌습니다.

제 경험상 수익률은
투자 금액에 따라
달라지는 것 같아요.

100만 원짜리 계좌가 있다면
한 달에 두 배 수익은 아닐지라도
40% 정도 수익은 올릴 수 있습니다.

40% 씩이나!

100만 원으로
상장된 주식 2,000종목
어느 종목도 살 수 있습니다.
관리 종목도 살 수 있고
스펙 종목도 살 수 있어요.
빠른 시간 안에 팔 수도 있지요.
제약 조건이 거의 없습니다.

굉장히 많은
기회가 있거든요.

그러나 100억으로 주식투자를 한다면
문제가 생긴다.

100억 원어치를 사려면
며칠 동안 주가를 올리면서 살 수밖에 없고,
100억 주식을 팔려고 하면
내리면서 팔 수밖에 없다.

100만 원으로는 어떤 종목도 살 수 있다.
100억이면 살 수 있는 종목이 100종목 남짓이다.

이런 걸 고려해서
1년 목표 수익률을
30%로 잡고 있습니다.

목표 수익률이니까요.

달성 못 할 때도 있고
넘칠 때도 있는 거죠.

목표 수익률을 10%로
잡을 거면 주식투자 안 하죠.

그 정도 목표 수익률 얘기하는
자산운용사가 많은데
규모가 다르네요.

주식투자가
자본이 들어가고
노동이 들어가는 사업이잖아요.

너 사업 하나
해볼래?
식당.

1년에 수익이 얼만데?

1년에 5%.

10억 투자하면
1년에 5000만 원?

10억 투자하고 1년에 5000만 원,
즉 한 달에 400만 원 생긴다면
누구도 식당 차리지 않을 것이다.
품값도 나오지 않는다.
내야 할 세금은 하늘에서 떨어지지 않는다.

더구나 융자까지 받아서 투자했다면
계산이 나오지 않는다.

그렇다면 답은 주식투자인가?

세금 무서워하는 사람은
대부분 돈을 많이 버는 분들이에요.

그런 점에서
주식거래 이익에
원칙적으로
세금이 없다는 건
주식투자의
정말 큰 매력입니다.

세금은 누진세가 적용되니까
수입이 많을수록 더욱더 많아진다.

많이 버니까
많이 내야지!

그런 말 하지 마!
수입의 50%가 세금이야!

치익
치익

상속증여세도 100억을 상속한다면
50% 최고세율이 적용된다.

우리나라는
세금이
센 나라예요.

특히 가업을
승계하려 해도
세금 낼 돈이 없어서
가업을 포기해야
한다니까.

선생님은 세금 문제
어떻습니까?

완전히 노출되죠.
속살이 보여요.

캐나다 여행 갔을 때 어느 건축업자가 말했다.

난 1년에 주택
딱 두 채만 짓습니다.

더 벌어봐야
세금으로 다 나가는데
힘들게 일 많이 할
이유가 없죠.

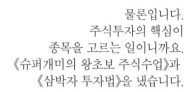

물론입니다.
주식투자의 핵심이
종목을 고르는 일이니까요.
《슈퍼개미의 왕초보 주식수업》과
《삼박자 투자법》을 냈습니다.

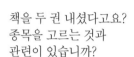

책을 두 권 내셨다고요?
종목을 고르는 것과
관련이 있습니까?

삼박자라면?

투자 분석 방법을
크게 세 가지로
구분하는 거죠.

가격이
가치를 따라가는 건
불변의 절대 진리.
가치가 숫자로 나타난
재무제표만 보면
충분해.

가치 분석

과거 주가로
미래 주가를
예측할 수 없다고?
추세 매매를 무기로
수많은 투자자가
세계적인 투자자가
되었지.

차트 분석

재료를 분석하면서
앞으로 나올
공시나 기사 등을
예상해서
선취매 들어가는
스케줄 매매가 최고지.

재료 분석

이렇게 세 가지를
동시에 분석해서
종목을 찾습니다.

한 가지도 복잡한데
세 가지를….
난 하여간
이런 분석에 약해.

만약 하나만 분석했을 때의 문제점을 생각해보죠.
예를 들면 재무제표만 분석해서 저평가우량주를 골랐다면
저평가 상태이니 단기간에 주가가 크게 빠지는 일은 없겠죠.

그런데 이 주식이 저평가 상태로
계속 머무를 수 있다는 문제가 있습니다.
수년 동안 말이죠.
그러다가 우량주가 불량주로 바뀔 수도 있고요.

나 혼자 열심히 찾은 저평가우량주를
시장에서는 아주 오랫동안
알아주지 않을 수 있는
큰 위험이 도사리고 있다는 겁니다.

내가 그 대표적인 저평가주
○○은행을 사서 한참을 가지고 있었다.

이거 사세요.
저평가주인데
분명히 뜹니다.

고마워.

그런데 3년을 갖고 있어도
주가가 꼼짝하지 않았다.

계속 12000원
으이그~~

왜 그럴까요?
이해가 안 돼요.

그냥 묻혀 있는 거죠.
관심이 없는 거예요.
그 종목이 움직이려면
핫한 재료가 나오든지
차트가 이쁘게 나와서
여러 사람이
좋아해야 합니다.

이 대표는 삼박자 기법을
충족시켜주는 종목을 고른다.

가문 좋고
이쁘고
착하고

주식투자는 앞으로 오를 종목을
미리 사야 성공하는 건데,
과연 주가는 왜 오르냐를
근본적으로 생각하자는 거죠.

가치가 저평가되었다고 오르는 것이 아니라
사람들이 매수 주문을 넣어서 오르는 것이다.

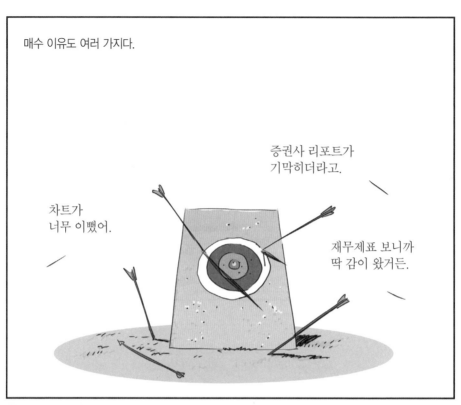

매수 이유도 여러 가지다.

증권사 리포트가
기막히더라고.

차트가
너무 이뻤어.

재무제표 보니까
딱 감이 왔거든.

이 대표는 이 세 가지를 한꺼번에 본다.
어느 각도로 봐도 다 좋은 것을 택한다.

재무제표 분석, 차트 분석, 재료 분석, 수급 분석 등
다양한 분석을 한 투자자들이
각각 매수 주문을 넣을 것이고
그러면 주가가 뛴다.

즉, 주가에 영향을 미칠 수 있는
모든 부분을 종합적으로 고려하여
투자 종목을 선정하자는 것이
저의 투자 방법입니다.

이 대표는
계속 잘나갔습니까?
중간에 위기는
없었어요?

위기가
왜 없었겠습니까?

1999년, 2000년에는 IMF 영향권이었는데도 잘하고 있었고,
돈 욕심 줄이고 유학을 갔을 때는 투자금을 줄였으니까 잘 넘겼었고,
귀국해서 세무사 공부할 때는 투자를 아예 안 했었고,
세무사 합격하고 2007년부터 다시 주식을 본격적으로 하고 있었을 때는
2008년 1년 동안 금융 위기를 겪었다.

그때 계좌가 반 토막 났다.

매일매일 떨어지는 주가를 보면서
극도로 긴장하니까 두 가지 의식이 공존했다.

하나는 '어떻게 살아남을까' 하는
보호 본능.

또 하나는 '될 대로 돼라'라는 파괴 본능.

그때 보호 본능이 파괴 본능을 앞섰다.

하지만 어차피 난 아무것도 없이
무일푼에서 시작했고,
지금은 세무사 자격증도 있고
가진 돈도 있어.
초심을 가지고 더 열심히 집중하자.

이러다가
다 날릴 수도
있겠다.

2년 동안 열심히 세무사 일하면서
주식투자에 대응했다.

2000포인트에서
1500, 1400, 1300
계속 내려간다

2008년 10월 말 마지막
폭락 음봉이 바닥을 찍었다.

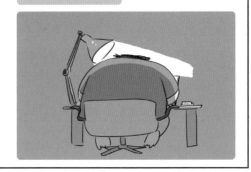

그 이전에 차트를 검토했다.

IMF 때가 1,000포인트에서
270포인트까지 내려갔으니까
거의 1/3 수준 하락!

지금은 2,000포인트니까 1/3이면
700포인트 정도까지 내려갈 것이다?

그런데 IMF 때는
아시아권과 한국의 위기였다.

지금 글로벌 금융 위기는
미국에서 생긴 것이었다.

미국은 세계 최강대국이니까
분명 자구책이 나올 것이라 확신했다.

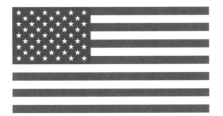

2000포인트에서
얼마나 더 떨어질까?
IMF 때처럼 1/3까지
폭락은 알 될 것이고….

900포인트가 접점이겠다!

주가 지수는
반드시 오른다!

지수가 바닥을 찍고 반등하는 것을 확신했지만
선도주가 무엇인지 모르니까 종목 매수 대신
선물옵션 파생 상품으로 상승 포지션을 구축했다.

2008년 10월의 지수 890포인트.
그때가 정확히 맨 밑바닥이었다.

그 후로 2009년, 2010년 2년 동안
2,250포인트로 뛰어올랐다.

반 토막 난 계좌에서 상승 장을 믿고
파생 상품의 상승 포지션과 우량주 위주의 포트폴리오를
계속 밀고 나갔더니
지수 상승률보다 훨씬 큰 수익률을 낼 수 있었다.

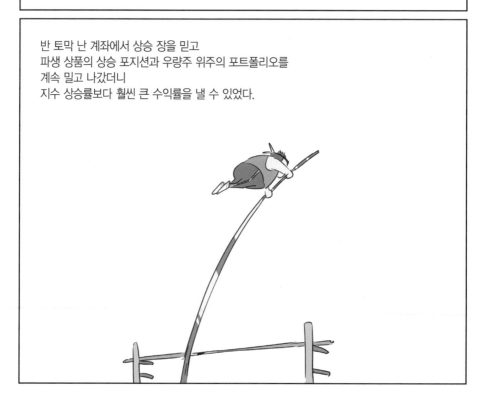

시장이 좋으면
웬만하면 수익이 나죠.
시장이 좋지 않으면
아무리 용을 써도
손실이 납니다.

그러므로 우리는 시장이 좋을 때는
지수 상승률보다
더 높은 수익을 내는 방법을 연구하고,
시장이 좋지 않으면 지수 하락률보다
조금 더 손실을 방어하고
살아남기 위한 노력을 해야 합니다.

그렇게 해서
주식시장으로부터
영구적인 아웃을
당하지 않는다면
언제든지 기회는 있습니다.

주식투자로 크게 성공한 사람들을 보면서
나도 성공할 수 있다는 믿음을 가질 필요가 있습니다.
동시에 그 성공이 영원한 것이 아니라는 것 또한
명확히 알아야 합니다.

그런데 일반인들은 쉽게 접근한다.

종목에 투자하고 난뒤
여행하고 골프치고
돈벌고……

나도
해보자!

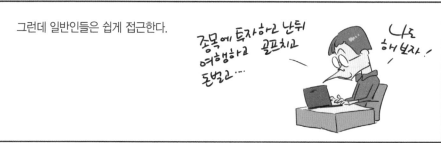

일류 대학을 들어가려면 5~6년 열심히 공부해야 하는데,
주식투자에 일생을 걸겠다면서 대학 입시생만큼 공부하지 않는다.

준비운동도
안하고
바로 입수?

첨벙

첨벙

피겨스케이팅 한다고 모두 김연아가 될 수 없고
야구 한다고 모두 류현진이 될 수 없다.

앞으로 남는 시간을
어떻게 꾸려나가고 싶어요?
주식만 계속할 건가요?

아닙니다.

제 명함에 적혀 있듯
'밸런스투자아카데미'의 의미대로
대중에게 제대로 가르쳐주는
주식투자 교육을 하고 싶습니다.

교육을 통해서
'주식투자자는 전부 사기꾼들이고
언제 망할지 모른다'는
말을 듣지 않도록 하고 싶어요.

아버지에 대한
가족들의
시선은요?

그냥 평범한 가장이었죠.

…이었죠?
지금은
달라졌나요?

와이프나 아이들은 사실 주식투자 잘하니까
'대단해' 이런 것 없었어요.
주식투자를 여러 다른 직업과 마찬가지로
돈을 버는 직업 중의 하나로 생각하고 있는 거 같아요.
당연한 거구요.

그런데 제가 책을 두 권 냈잖아요.
그때부터 바뀌었어요.

생전 개인적인 문자를
보낸 적 없던 장인이
이런 문자를 보냈다.

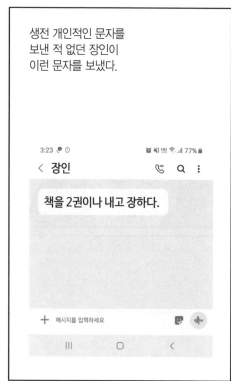

그때도 느꼈죠.

지금까지
주식투자자들의
이미지가 역시
좋지 않았구나.

미국에 있는 딸과 통화했다.

친구들한테
울 아빠가 책을 두 권 냈다니까
'진짜 너네 아빠 대단하다, 얘' 이러더라.
미국은 저자에 대한 존경심이
굉장히 크거든.

예를 들면 바둑의 세계에서
이창호가 스승인 조훈현 기사를 꺾고,
또 그러한 이창호를 이세돌이 꺾고 하는 이유도
전성기를 지나는 시기가
언제든 온다는 것을 보여주는 것이겠지요.

운동선수는 체력이 가장 중요한 직업이니
보통 20대 후반에서 30대 초반쯤에 전성기가 올 것이고,
사업가들은 인맥과 경험이 중요하니까
50~60대일 수도 있습니다.

제 경험으로는
주식투자자로서의 전성기는
30대 후반에서
40대 초반인 거 같아요.

30대 초반까지는 경험이 부족했고,
40대 중후반이 되니
체력이나 판단력이
떨어지는 것을 느끼게 됩니다.

주위 친구들이
만화가는 정년이 없어서
좋겠다고 말해요.

나도 그런 줄 알고
있었고요.

그런데 3~4년 전부터 체력이 약해지면서
모든 게 바뀌기 시작했다.

비꺼리가 줄어든걸 보면
그말로 맞다

3, 4년전?
10년전 부터지

벽에 못을 하나 박으면 좋겠다고 하면서
벽만 쳐다보고 반나절을 보냈다.
그래서 이런 글을 써 붙였다.

생각즉시 행동!
꾸물대지마!

그러니까 주식투자도
손가락으로
자판 누를 수 있을 때까지
할 수 있는 것이 아니네요.

그렇긴 하죠.ㅎㅎ
순간 판단력이나 집중력이
많이 약해지는 느낌이 들어서
단기 투자 비중을 많이 줄이고
중장기 투자 비중을 높여서
투자하고 있습니다.

중장기 투자 비중을 높이니까
좋은 종목으로 포트폴리오를
잘 짜놓으면 마음도 편하고
장중에 시간적으로나 심적으로
여유가 생겨서 좋아요.

만화를 하루 놀면
다음 날 이틀치 작업을
해야 하는데….
흑!

86세 워런 버핏(Warren Buffett)은
매일 매매하지 않는다.

중장기 매매로 바뀌면서 5% 공시도 한 적이 있다.

이 종목이
그렇게 좋은가요?

아뇨.
투자 스타일의 변화 때문이죠.

예전에는 5% 공시를 할 수 없었다.
오늘 샀다가 내일 파는 일이 많았었으니까.

요즘은 수명을 100세로 계산하는데
내가 죽을 때까지 호주머니에
돈이 있을까 걱정이에요.

우리 나이쯤 되면
친구들이랑 모였을 때
술값을 내는 것이 폼 나요.
슬슬 눈치 보면서
뒤로 빠지면 흉하지요.

아유, 엄살은….
저작권료 많이
나올 텐데요, 무슨….

인세는 시간이
지날수록 동그라미가
하나씩 없어져요.
마냥 좋을 수 없죠.

성공하는 투자의
필요한 조건은 뭘까요?

미국의 투자자
알렉산더 엘더(Alexander Elder)는
그의 책에서 3M이라는
성공 투자 요소를
말했어요.

"Method, Money, Mind."

즉 주식 기법(Method), 자금 관리(Money), 심리 관리(Mind)입니다.

일반 주식투자자들은
기법이 전부인 줄 알고
고수를 찾아다니지만,

자금 관리와 심리 관리 역시
기법만큼 중요합니다.

심리 관리는 상승 장과
하락 장에서 탐욕과 공포를
다스리는 능력이고,

자금 관리는
투자 비중을 조절해서
시장에서 살아남는
능력이죠.

저는 3M에서 영감을 받아서
8T라는 주식투자 성공 법칙을
만들었습니다.

① TYPE - 당신의 투자 유형을 알라

공격적인 성향 정도, 지식이나 경험 등에 따라서
주식투자 전략은 달라지기 때문이다.

② TERM - 당신의 투자 기간을 결정하라

장기 투자를 할 것인지, 단기 투자를 할 것인지를
먼저 결정하는 것이 중요하다.
단기 투자는 탄력 있는 종목을 골라야 하고,
장기 투자는 저평가된 우량주를 골라야 하기 때문이다.

③ TRADING - 매매 개념을 이해하라

투자와 투기 사이에 매매의 개념을 이해해야 한다.
가치는 거의 변동하지 않더라도
단기간에 가격이 급등하는 경우가 흔히 있는데,
단기간의 주가 변동에 대해서 수익을 내려거든
매매 개념으로 접근을 해야 하기 때문이다.
우리가 보통 부동산이 투자냐 투기냐의 논쟁을 흔히 하는데,
내 생각에 부동산은 매매의 영역이다.
우리가 부동산을 거래할 때
'부동산 매매 계약서'라는 것을 쓰는 이유를 생각해보면 이해가 쉬울 것이다.

④ TOP-DOWN - 통찰력을 갖고 선택과 집중을 하라

● 톱픽(top-pick)
여러 주식 종목 가운
데 엄선된 최고의 종
목을 이르는 말. '최선
호주'라고도 한다.

높이 나는 새가 멀리 볼 수 있는 것처럼
글로벌 시대가 진행될수록
톱-다운 방식의 유용성이 더욱 커지고 있다.
특히나 우리나라 주식시장의 경우
미국, 중국, 일본의 눈치를 심하게 보는 경우가
많기 때문에 더욱 그러하다.
글로벌 경제를 보고, 산업 동향을 파악한 후에
톱픽(top-pick)* 종목을 선택하는 톱다운 방식이
바텀업 방식보다 수익 내기 좋다는 것을 깨닫기 바란다.

⑤ TREND - 시장의 흐름을 읽어라

세상에도 트렌드가 계속 변화하듯이
주식시장도 마찬가지다.
주식시장의 트렌드 변화를 빠르게 포착해나가야
상승 유망 종목을 선정할 수 있다.

⑥ TECHNIQUE - 나만의 기법을 개발하라

주식투자로 돈을 벌 수 있는 유일한 방법은
앞으로 오를 만한 종목을 선정하는 것이다.
그러한 종목 선정 기법은 여러 가지가 있는데
그중에서 많은 연구와 연습을 통해서
나만의 기법을 만들어나가야 한다.

⑦ TRAINING - 반복해서 훈련하라

요즘 건강을 위해서 퍼스널 트레이닝을 하는 것이 유행인데,
주식투자도 매일 트레이닝을 해야 한다.
학교가 없다고, 선생님이 없다고 포기하지 말고
증권회사의 리포트와 전자 공시 시스템의 공시를 교재 삼아
열심히 공부하고 매일 훈련해야 한다.

⑧ TRY - 시도하라 그리고 또 시도하라

인디언이 기우제를 비가 올 때까지 지내는 것과 마찬가지로
성공할 때까지 계속 시도한다면 언젠가는 주식투자로 성공할 수 있다.
다만 계속 실패를 이겨내고 시도하기에는
우리의 자금에 한계가 있다는 점에서
자금 관리의 중요성을 깨달아야 한다.
시장에서 퇴출되지 않고 살아남아서 계속 시도한다면
언젠가는 반드시 성공할 수 있다.
마치 인디언 기우제의 끝에는 늘 비가 오는 것처럼.

자신만의 기법 개발이라….

칼을 몇 번 휘두르고
검법을 완성시킬 수 없듯이
칼을 내 몸의 일부라고
느낄 때까지 수련해야
검법이 완성되는 것과 같겠군요.

만화도 마찬가지죠?
수없이 밤을 새면서 그려야
자기 그림이
만들어지지 않습니까?

음….

성공하기 위한 방법 중
오를 만한 종목 선정을
잘해야 하는 것이 중요하죠?

그렇다면 이 대표의
종목 선정 방법을
말해주세요.

성공 투자의 단계를 8단계로 설명했듯이
성공 투자 기법을 8가지로 설명해드리죠.

① 삼박자 투자법

맛있는 식당을 선정할 때 여러 가지 기준이 있을 것이다.
맛을 중요하게 생각할 수도 있고,
가격 또는 서비스 등을 중요하게 생각할 수도 있다.
맛도 좋고, 가격도 싸고, 서비스도 훌륭하면
그야말로 모두가 좋아하는 맛집이 될 수 있다.
마찬가지로 주식투자 분석 도구 중에 가장 많이 쓰이는 세 가지인
재무제표 분석, 차트 분석, 재료 분석을 다 만족하는 종목이 있다면
모두가 좋아하는 맛집처럼 모두가 좋아하는 종목이 될 수 있다.
이 삼박자 투자법은 누구나 할 수 있는, 그리고
누구나 해야 하는 필승 전략이라 할 수 있다.

② 시가총액 비교법

식당 옆 테이블에서 이런 이야기를 하는 것을 들은 적이 있다.
"삼성전자 요즘 회사가 많이 안 좋은가 봐."
"왜?"
"삼성전자 주가가 200만 원 넘게 올라갔었는데, 요즘은 5만 원도 안 되잖아."
주식투자를 안 하는 분들이 이런 오해를 하는 경우는 어쩔 수 없다 치더라도
주식투자자들은 절대 해서는 안 되는 착각이다.
주식투자자라면 주가보다 시가총액을 더 중요하게 봐야 한다.
'이 회사의 주가는 얼마냐'가 아닌
'이 회사의 시가총액은 얼마냐'를 항상 봐야 한다.
삼성전자의 주가가 5만 원인 게 중요한 게 아니라
삼성전자가 우리나라 시가총액 1위인 300조인 것이 중요한 것이다.

③ 분산투자 기법

분산투자를 수익률을 높이기 위한 전략으로 오해하는 경우가 있다.
분산투자의 목적은 위험관리다.
수익률과 위험이 트레이드오프 관계라는 점에서
분산투자를 함으로써 오히려 수익률이 낮아지는 것을 느낄 수도 있다.
분산투자로 위험을 낮추면서 수익률은 유지시켜야겠다는 판단을 해야 한다.
주식투자자는 수익률 극대화와 위험 극소화 양극단 사이에서
균형을 맞추는 줄다리기를 꾸준히 하는 사람이다.
그리고 그 유일한 해답은 분산투자다.

④ 상승률 매매 기법

주식투자 20년 경험에서
초창기에 개인적으로 가장 많은 수익을 얻은 기법이 상한가 매매 기법이다.
상한가를 분석하고 따라가서 연속 상한가를 몇 방 치면
일주일에도 두 배 수익이 거뜬하던 시기가 있었다.
다만 요즘에는 상한가가 30%로 확대되면서 상한가 종목이 많지 않다.
그래서 변화를 준 것이 상승률 매매 기법이다.
상한가는 한두 종목밖에 안 나오니
상승률이 높은 종목을 하루에 30〜50종목 정도 분석해보면서
좋은 종목들을 찾아내는 방법이다.

⑤ 짝짓기 매매 기법

와인을 무척 좋아한다.
와인과 음식의 조화를 '마리아주(mariage)'라고 하는데,
육류에는 레드 와인, 생선에는 화이트 와인 뭐 이런 궁합을 말한다.
주식 종목들도 각각 궁합이 있다.
하나의 재료에 같은 움직임들이 나오는 종목군을
'테마'라고 부르는데, 테마가 강하게 형성될 때는
수개월에서 1년 이상 강한 움직임을 보일 때도 있다.
테마는 도박이라고 거부감을 가질 필요가 없는 게,
금융주, 반도체주, 조선주 등 동일 업종의 종목들도
넓게 봐서는 테마라고 생각하면 이해가 빠를 것이다.
궁합이 좋은 종목들을 모아서 주가를 살펴보면
좋은 매수 기회를 잡을 수 있다.

⑥ 신고가 매매 기법

가장 좋아하는 차트는 정배열 신고가 차트다.
정배열이라고 하면 오랜 시간 동안 주가가 오르고 있다는 뜻이고,
신고가는 오늘의 종가가 전 고점을 뚫었다는 뜻이다.
즉, 매일매일 오른 종목이 신고가 종목이 된다.
주가가 매일매일 올랐다면
내일도 오를 확률이 더 높다는 관점에서
종목을 선정하는 것이 신고가 매매 기법이다.
특히 강세 장에서 큰 힘을 발휘하며,
반대로 약세 장에서는 신고가 종목을 거의 찾아내기 힘들다.
신저가 종목이 많다.

⑦ 신규상장주 공략법

주식시장에서는 새로운 재료가
오래된 재료보다 훨씬 강력하다.
마찬가지로 새롭게 상장된 종목이
주식투자자의 사랑을 받으면서
급등 종목으로 탄생하는 경우가 빈번하게 발생한다.
좋은 재무구조와 핫한 업종, 그리고
적정한 공모가 수준으로 신규상장된 종목은
의외의 큰 수익을 주는 종목이 될 수 있다는 점을 기억하라.

⑧ 생활 속의 종목 발굴법

"미치면 통한다"라는 말처럼
주식투자에 미치면 일상생활에서
많은 종목 발굴의 기회를 포착할 수 있다.
월가의 '전설의 영웅' 피터 린치도 그의 책에서
일상생활에서 얼마나 많은 종목 발굴 기회를 포착할 수 있는지 강조했다.
우리는 마트에서 병원에서 길거리에서, 그리고 TV를 보면서
애널리스트보다 먼저 실적이 좋아지는 종목을 찾아낼 수 있다.

8가지 기법 중
삼박자 투자법이
필승 전략이라고
했죠?

좀 더 구체적으로
설명하신다면?

① 정보 분석

보통의 투자자들이 주식을 시작하는 이유는
친구에게 언질을 받았기 때문이다.
"A주식 꼭 사."
"왜?"
"정보가 있잖아. 구체적으로는 말할 수 없고 너만 알고 꼭 사."
이러한 정보를 받고 주식투자를 시작하지만 성공하는 사람은 없다.
그렇다면 정보는 백해무익할까?

그렇지 않다.
주식투자에서 정보는 매우 중요하다.
우리에게 노출되지 않은, 공개되지 않은
지라시처럼 도는 정보가 중요한 것이 아니고,
모두에게 공개된 증권사 리포트나 공시된 정보들이 훨씬 중요하다.
모두에게 공개된 정보지만
그 정보를 판단하고 분석하는 능력이 다 다르기 때문에
남들보다 내가 더 정보 분석을 잘하도록 노력하고 경험을 쌓아나가면 된다.
그렇다면 수많은 정보 중에 어떤 정보가 중요한 걸까?
우리에게 중요한 정보는 주가를 오르게 하는 정보다.
즉, 매일 주가가 오른 종목을 공부하면서
어떤 정보가 주가를 오르게 하는지
데이터화시키고 노하우를 축적해나간다면
그다음부터는 어떤 정보를 접했을 때
그 정보가 주가를 얼마나 상승시킬 만한 정보인지 쉽게 파악할 수 있다.

② 가격분석

주식투자자들이 가치를 중요하게 생각하는 반면
가격은 별로 중요하게 생각하지 않는 경향이 있다.
하지만 우리는 가치의 증가로써 수익을 내는 것이 아니고
가격의 상승으로써 수익을 낼 수 있을 뿐이다.
즉, 낮은 가격에 사서 높은 가격에 팔기 위해서
가격의 분석은 필수라는 이야기다.

가격을 분석할 때는 크게 두 가지로 나누어서 볼 수 있다.
하나는 현재 가격을 결정하는 것은 수급이라는 점이다.
경제학에서 가장 오래된 이론인 가격 이론을 생각하면 쉬운데
수요와 공급의 교차점에서 균형가격이 결정되는 것처럼
매수(수요)와 매도(공급)에 의해서 가격이 결정된다.
즉, 주가의 변화는
매수 주문과 매도 주문으로부터 시작된다는 것이다.
두 번째, 가격을 분석할 때 중요한 것은
과거의 가격분석이 중요하냐의 여부다.
개인적으로 과거의 주가를 중요하다고 보는데
주가는 결국 '상승 추세 – 고점 – 하락 추세 – 저점'의 4단계를
영원히 반복할 수밖에 없기 때문이다.
따라서 차트 분석을 통해
추세를 찾아내고 변곡점을 예상하는 것은
중요한 무기가 될 수 있다.

③ 가치분석

삼박자 분석 중에 가장 중요한 것이 무엇이냐고 묻는다면
가치분석이라고 답할 수 있을 정도로
가치분석은 매우 중요한 분석 도구다.
특히 극단적으로 설명한다면
정보 분석과 차트 분석을 잘해서 좋은 종목을 선정한다 해도
가치분석을 하지 않았다면
내가 산 종목이 부실한 종목인 경우에
유상증자나 감자, 나아가서 관리종목이나 상장폐지가 될 수 있기 때문이다.
그렇다면 우리는 가치분석상 부실한 종목만 걸러내면 될까?

그렇지 않다.
가치분석을 통해서
두 가지 유형의 유망 종목들을 찾아낼 수 있다.
하나는 저평가우량주다.
즉, 가치보다 가격이 낮은 종목을 찾아내서 매수를 한다면
중장기적으로 그 종목의 낮은 주가는
가치를 따라서 높아질 수 있기 때문이다.
또 다른 하나는 성장주다.
매 분기 또는 매년 가치가 증가하는 종목은 성장주라고 할 수 있다.
성장주는 성장이 언제 꺾일지 모르지만
성장이 꺾이기 전까지는 성장과 함께 주가도 매년 상승한다.
따라서 성장주를 잘 찾아내서 중장기 투자를 한다면
피터 린치가 말하는 열 배 상승 종목, 텐 배거를 찾아낼 수 있을 것이다.

마지막으로 주식투자자들에게
들려주고 싶은 말이 있으면
해주세요.

① 주식투자자의 자질

'주식투자자로서 성공에 필요한 자질이 있을까?'라는
생각을 많이 해봤다.
내가 생각해낸 8가지의 자질은
창의력, 기억력, 통찰력, 분석력, 결단력, 자제력,
호기심, 성실성이다.
이 중에서 앞에 6가지는 타고난 능력이기에
마음을 바꾼다고 쉽게 능력치가 올라가지 않는다.
예를 들면 '오늘부터 창의적으로 일해야지',
'오늘부터 기억력을 높여서 잘 기억해야지' 한다고
창의력이나 기억력이 갑자기 좋아질 리는 없다.
하지만 호기심과 성실성은 그렇지 않다.
주식투자와 관련된 여러 가지를 공부할 때
궁금증과 호기심을 갖고 하면
더욱 재미있게 공부를 해나갈 수 있을 것이다.
또한 열심히 공부해야겠다는 결심을 하고
성실히 하루하루 성취해나간다면
성공 투자의 길이 가까워질 것이다.

② 주식투자자의 심리

분석을 아무리 잘하고 매매 기법이 아무리 좋아도
심리 관리에 실패하면 좋은 성과를 거둘 수 없다.
주식투자 20년을 하면서 가장 좋아하는 문장이 세 가지가 있다.
이 세 가지 문장 모두 심리 관리에 큰 도움이 되었다.

"아무도 믿지 마라"

주식투자를 하면서 많은 사람들에게 여러 가지 말을 듣게 된다.
그러한 내용이 시황이든, 기법이든, 종목 추천이든
한 귀로 듣고 한 귀로 흘려라.
또는 정말 도움이 되는지 엄정하게 검토하라.
일단 기본은 다른 사람의 말을 믿지 않는 것이다.
주식투자는 스스로 분석하고, 스스로 판단하고, 스스로 결정하고,
스스로 책임지는 것이기 때문이다.

"이 또한 지나가리라"

주식을 오랫동안 하다 보면
긴 상승장이나 긴 하락장을 반드시 만나게 된다.
정말 하늘 높은 줄 모르고 끝없이 뻗어나가는 강한 상승장이나
바닥 밑에 지하실, 그 밑에 땅굴을 경험하게 되는 무서운 하락장을
경험하게 되면 탐욕과 공포가 크게 자리잡는다.
그때마다 반드시 생각해야 한다.
"이것 또한 지나가리라"는 문장을 말이다.

"주식 참 어렵다."

특히 초보자일수록 정말 주식을 쉽게 생각한다.
주식을 쉽게 생각하면 공부도 안 하게 되고
투자 자금만은 계속 투입하게 되는 최악의 상황이 온다.
주식은 어려운 것이다.
쉽다면 누구나 벌써 주식으로 큰 부자가 되었겠지만
주변을 보면 주식으로 돈 번 사람보다 돈 잃은 사람을 훨씬 많이 볼 수 있다.
주식이 어렵고 위험한 행위라는 것을 인정한다면
투자 자금 투입도 더 조심스럽게 되고,
공부도 더 열심히 하게 될 것이다.

③ 투자 일지

공부를 잘하는 아이들의 비법 중 하나가 오답 노트다.
내가 틀린 문제를 기록하고
왜 틀렸는지를 기억하기 위한 노트다.
주식투자도 마찬가지다.
내 종목 선정이 왜 틀렸는지, 매수와 매도 타이밍이 왜 틀렸는지를
계속 기록해나간다면 그 오답 노트는
나를 성공한 투자자로 만드는 황금 열쇠가 될 것이다.
기억하지 못한다면 적어라.
아니 기억하지 못하기 때문에 적어야 한다.

④ 폭락 장 대처 방안

최근 시장에 불확실성이 더해지면서
거래소, 코스닥 양시장 급락 장세가 연출되고 있다.
여러 주식투자 커뮤니티에 들어가보면
급락 장에 멘탈이 붕괴된 많은 투자자가 불안에 떨며 쓴
글들을 볼 수 있다.
어린아이가 뜨거운 불을 느껴야
다시는 불에 가까이 가지 않듯이
폭락 장도 경험한 사람과 경험하지 못한 사람의 대응은 천지 차이다.
주식투자는 '예측과 대응'이라는 말이 있다.
폭락 장을 미리 예측했다면 조금 더 잘 대응할 수 있었겠지만,
미리 예측하지 못했더라도 폭락 장이 오면 적절한 대응을 해야 한다.
폭락 장의 적절한 대응은 무얼까?

첫째, 왜 빠지는지에 대해서 깊게 생각하는 버릇을 갖자.
'결자해지'라는 말이 가장 잘 들어맞는 것이 폭락 장이다.
시장이 폭락한 데 원인이 있다면
그 원인이 해결될 때, 즉 악재가 해소될 때
장은 안정을 찾을 것이다.

둘째, 바닥을 미리 예단하지 말자.
주식에는 추세라는 것이 있어서
오를 때 오르는 힘 또는 내릴 때 내리는 힘이 강화되면서
주가가 생각보다 오래 유지될 때가 있다.
우리가 바닥이라고 생각하는 지점이
추가 하락의 시작점이 될 수도 있으니
쉽게 바닥을 예단하지 말자.
바닥 밑에 지하실, 지하실 밑에 땅굴이 있을 수 있으니까.

셋째, 경험을 했다면 기억해내고, 경험하지 못했다면 찾아봐야 한다.
과거 폭락 장의 주가 움직임을 말이다.
과거 지수가 반 토막 이상 났던 폭락 장을 꼽으라면
1997~1998년 IMF, 2000년 밀레니엄 파동,
2008년 미국발 금융 위기 등이다.
폭락 장의 차트를 찾아보면서
생각보다 많이 빠질 수 있다는 것, 그리고
모든 희망이 사라질 때쯤 반등은 반드시 시작된다는 것 등
폭락 장의 기본 원리를 깨우쳐야 한다.

넷째, "모를 때는 손 빼"라는 바둑 격언처럼
손절매 또는 추가 저점 매수에 대한 판단이 어렵다면,
특히 심리적인 부분을 이겨내기 힘들다면
당분간 아무것도 하지 않는 것도 좋은 전략이다.
즉, 매매를 쉬고 보유 종목을 계속 보유한 채
시장의 상승 신호를 기다려보는 것이다.
물론 이때도 시장을 계속 관찰해나가야 하는 것은 물론이다.

⑤ 주식투자의 동기부여

어떤 일을 달성한 사람들은 최선을 다한 사람들이고,
최선을 다한 사람들은 그 일의 성취에 대한
동기부여가 잘 되어 있는 사람들이다.
'나는 왜 주식투자를 하는가?'라는 질문을 자주 하며
해답을 찾는 것이 좋다.

나의 경우에는
'해야 하는 일 = 하고 싶은 일 = 잘하는 일 = 주식투자'로
접근했다.
보통 해야 하는 일은 직업을 말한다.
그래서 내가 하고 싶은 일을 직업으로 삼는다면
가장 행복한 직업 선택이 될 수 있다.
또 다른 직업 선택의 기준은 잘하는 것이다.
좋아서 선택한 직업인데,
내가 그 일을 잘할 수 없다면
자존감 하락을 떠나서 돈을 벌고자 하는
최초의 목적 달성이 어려워질 수 있다.
나는 주식투자를 너무 좋아했고,
주식투자를 잘하기 위해서 노력했고,
주식투자로 많은 돈을 벌어왔다는 것,
이것이 나에게 주식투자의 가장 큰 동기부여다.

지금까지 장시간 인터뷰
고맙습니다.

건강하십시오.

가끔 말 친구가 필요하면
연락 주세요.
나는 와인이나 소주나
가리지 않아요.

ㅎㅎ 연락드리겠습니다.

허영만의

주식
타짜

가치 평가의 대가들

2

4년 만에 10배 수익률,
수백억 자산가

백지윤

블래쉬자산운용 대표

삼성 창업자
故이병철 삼성 회장의
집에 가면
이런 글이 있다고 한다.

運 운	鈍 둔	勤 근
첫째, 운이 있어야 하고,	둘째, 우직하고 꾸준해야 하고,	셋째, 부지런해야 합니다.

공부를 엄청 잘했다거나
집이 부자였다거나
잡기에 능하다거나
그림을 잘 그린다거나

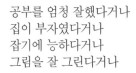

이런 재주가 많았으면
무슨 일을 하다가도
금방 때려치웠을 거예요.
자신 있는 재주가
또 있으니까.

그러나 성공 확률은 낮아요.
이런 말이 있어요.

'재주가 많으면 밥 굶는다.'

내가 하는
말인데?

제가 다른 데 한눈팔지 않고
주식을 20년 동안이나
계속했던 것은 다른 재주가
없었거든요.

또 내 얘기….
마누라가 나 보고 그랬어요.
'허영만은 만화 그리는 것 말고는
쓸모없는 인간이라고요.

저는 이쪽 일이 잘 맞아요.
투자에 대해 설명하면
다른 사람은 잘 이해를 못 하는데
저는 쉽게 이해가 가더라고요.

난 아무리 들어도
이해 못 하는데….
역시 만화밖에….
53년을 죽어라 만화만
파댔으니….
잘했나? 잘못했나?

나는 만화만 그려온 인생이
너무 단조로워서
후회할 때가 있어요.

배부른 말씀
하지 마세요.

그냥
그렇다는 거지 뭐….

제가 중학교 다닐 때
주식시장이 뜨거웠어요.

1988년 서울 올림픽 때쯤에
경제가 좋아져서 주가가 많이
뛰었을 때였다.

시골에서 땅 팔아서
주식한다고 할 정도로 난리였어요.

그때 아버지가
책을 읽고 계셨는데

좀 읽더니
그만두시는 거예요.

무심코 읽은 그 책이
너무 재미있더라고요.

여보,
지윤이 공부하는
것 봐요.

이제
철들었나비여.

아~ 주식투자란 것이
이런 것이구나!

그러나 투자할 돈이 없는
중학생이니까
그냥 넘어갈 수밖에 없었다.

22살 때부터 군 생활을 했는데,
그 나이에는 생각이 많다.

뭘 하면서 먹고살아야 할까,
결혼도 해야 하고 아기가 생기면….
어쨌든 돈이 많이 있어야 해.

98년에 제대해서
종잣돈 250만 원 가지고
주식을 시작했다.

대학생이 1개월 아르바이트하면
50만 원 정도 벌었으니까
250만 원이면 적은 돈이 아니었죠.

그 돈으로 주식투자를
시작했는데…

했는데?

흥?

망?

뭔지도 모르고 산
주식들이
오르기 시작했다.

그때 IT 붐이 불었던 것이다.

닷컴, 인터넷….
새로운 세상이 열린다.
PC로 연결해서
서로 대화하고
게임도 하고….

거의 이런 기분이었다.

학교도 안 가고 매일 PC방에서
프로그램 깐 다음에 매매를 했다.

다른 사람들 게임할 때
주식투자를 한 것이다.

250만 원이 8000만 원이 되었다.

좀 더 벌면
8억이 되고!

더 나가면
80억이 되겠구나!

난 역쉬
천재!

99년 후반에 코스닥 버블이 있었다.

땅 판 돈, 소 판 돈, 배 판 돈이
몰려들면서
묻지 마 투자판이었다.

TS에 매매 주문을 하면
1시간 후에 체결이 될 정도로
서버가 감당할 수 없었다.

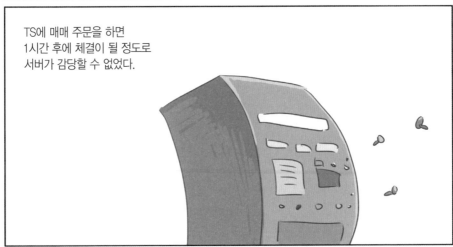

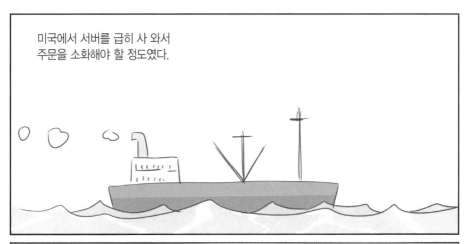

미국에서 서버를 급히 사 와서
주문을 소화해야 할 정도였다.

주위에서 내 소문을 듣고
돈을 들고나와서 운용해주는 통장도
몇 개 생겼다.

그러나 마냥 오르막만
있을 수 있겠는가.

98년에 주식시장이 달아올랐다가
99년 말부터 식기 시작했다.

살짜기 내렸다가
팍 쌔리 올라가는 거여.
이런 것 한두 번 봤당가?

오메! 오메!
환장허게
자꾸 내려가네!

IT 버블이 꺼지기 시작했다.

100배 올랐던 회사의 주가가
반 토막, 반의반 토막, 반의반의반 토막.

남의 돈을 운용해주기
시작했을 때가 꼭지였었다.

돈 맡길 때는	손해났을 때는 말은 안 해도 당연히 본전 생각이 난다.

손해 보더라도
암말 안 허께.
그냥 자네 허는
대로만 해주소.

내 계좌에서 원금을 물어줬다.

잘하는 줄 알았드만
밥 없는 밥공기여.

미안합니다.

탈탈 털어주고 대출금이
빚으로 남아 있었다.
250만 원.

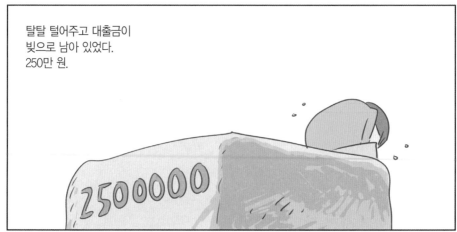

어머니가 카드 빚을 해결해주었다.

고맙…

첫 번째 실패였어요.

두 번째, 세 번째
실패가 또 있어요?

18년 전 군대 제대하고
25살 때 쓰린 경험을 한 것이다.

초년 성공은
망할 조짐이라.

왜 나는 하는 일마다
안 될까?

다른 일
뭘 또 해봤어요?

그냥 그렇게 생각됐어요.
굉장히 힘들더라고요.

250만 원이 뻥튀기됐다가
아무것도 남지 않았다.

주식은 잊었으나
아무것도 손에
잡히지 않았다.

밥은 먹었냐?

학교는 갔다 왔다냐?

어디에
취직헐
생각이여?

젊디젊은 놈이
소금절이한 배추같이
축 늘어져서 엇다 쓰겄냐?
갈 길이 구만 리여
이놈아.

그렇다.
남은 인생 포기할 수 없었다.

매일 헬스클럽에 가서
2시간씩 운동했다.

몸이 만들어지니까
멘탈도 돌아왔다.

취직을 하자.

여러 가지 종류의 회사가 있는데
주식을 할 수 있는
증권회사를 택했다.

그때는 저처럼 학교도 안 가고
본격적으로 주식매매를 했던 사람이 별로 없었어요.
그런 경력 때문에 쉽게 취직이 됐죠.

그런데
문제가 있었다.

제가 남에게
아쉬운 말을
아주 못합니다.

영업은 얼굴이
두꺼워야
잘할 수 있는데
말이죠.

난 주식해서 까먹고선
손님에게는 주식하면
돈 번다고 얘기하는 것이
정말 힘들었어요.

그럼에도 회사에서 능력을 인정받아
연봉 1억 5000만 원을 받았다.

세금 내고 생활비 쓰고 나머지 돈으로
주식을 다시 시작했다.

그때는 증권회사 직원들도
자기 계좌를 트고
매매를 할 수 있었거든요.

그때는 시장이
어땠어요?

싼 주식들이
되게 많았어요.

지금 생각하면 쥐뿔도 없는 실력이었지만
당시에는 잘하는 줄 알았다.

월급을 모아서 투자했는데
종잣돈 3억을 만드는 데 시간이 걸렸다.

그러다가 2006년, 2007년에 장이 매우 좋았다.
순간 3억이 채워졌다.

2008년에는 3억, 4억, 8억, 10억으로 늘어나다가
금융 위기 직전에는 28억까지 늘어났다.

그때 처음 듣는 말들이 쏟아졌다.

미국의 부동산 회사가
망할 것이다.
프레디맥(Freddie
Mac Company)
모기지(mortgage) 회사가
어렵다.

괜찮다.
미국 정부에서
돈을 풀 텐데
뭐가 걱정이냐.

어떤 말이
맞을까?

금방 무슨 일이
있을라고?

욕심에 판단력이 흐려졌다.

28억을 잘 굴리면 50억이 될 것이고,

또 100억이 될 거야.

9월에는 미국 주식시장이 엄청나게 빠졌다.

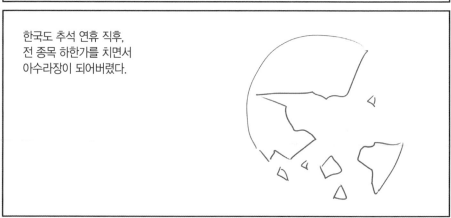

한국도 추석 연휴 직후, 전 종목 하한가를 치면서 아수라장이 되어버렸다.

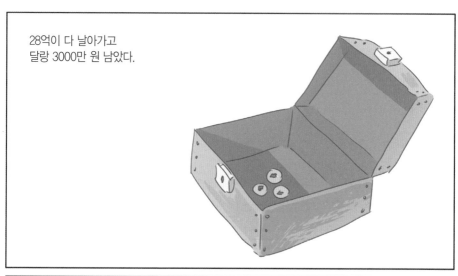

28억이 다 날아가고
달랑 3000만 원 남았다.

그때 너무너무
힘들었어요.

어허~
거의 1/100로
망가졌네.

제 능력 이상의
돈을 번 것이
화근이었죠.

거의 폐인이 되었다.

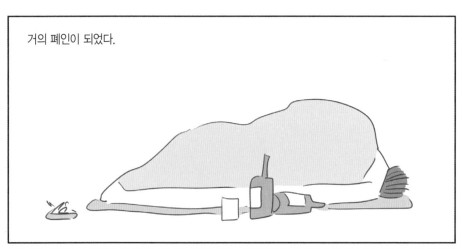

몸이 움직이지 않아서
조카의 돌잔치에도 참석 못했다.

처참한 패배자의 눈에 주식과 관계없는
일반인들이 눈에 들어왔다.

내 월급으로 가정 꾸리면서
저 사람들처럼 평범하게 사는 것도
좋지 않았을까?

소고기 먹을 것
돼지고기 먹고,

외제 차 대신
국산 차 탈 생각했으면
이런 시련이
없었을 텐데….

그런 후회를 했으면
단념했어야 했는데….

6, 7년 사이에
28억을 벌었으니깐
지금부터 남은 월급으로
주식하면 6, 7년 사이에
또 28억을 벌 수 있겠지!

2008년 금융 위기 이후에
장이 좋아지기 시작했다.

상장회사에 대해서
공부를 많이 했어요.

덕분에 가치 투자에 대해서
눈을 뜨기 시작했죠.

이병철 회장의
운, 둔, 근도 중요하지만
어떤 사람을 만나느냐도
매우 중요해!

내 능력에다가 다른 사람의 능력을 얹으면
훨씬 더 나아질 거야.

미수도 막 했다.
주식투자를 잘하는 선수들을 만나면서 많은 도움을 받았다.

이런 생각을 해.

기업 빌굴은
이렇게 하고

이렇게
투자하는 거야.

주식에 대해 눈이 뜨이기 시작했다.

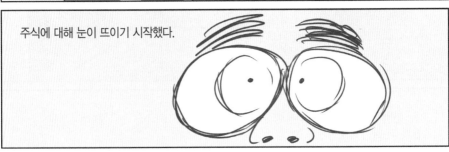

그럼 그릴 줄 안다고
다 만화가가 되는 것은
아니잖아요.

만화가는
될 수 있겠지만
성공 확률은
매우 낮지요.

연출을 알아야 하고
스토리 쓰는 방법을 배우고
데뷔 경로나 출판 경로도 알면
도움이 되겠지요.

정확히 짚어서
행보를 하면
길을 못 찾아서
방황하는 시간을
대폭 줄일 수 있고….

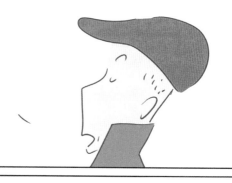

주식도 그렇더라고요.

혼자서 공부하면 깨달을 때까지
시간이 많이 걸려요.

주식매매에 대한 지식을 쌓기 전에
동물적 감각을 가져야
성공 확률이 높지 않을까요?

사고파는 데 동물적 감각이
있다는 전제하에
이런 얘기 하는 겁니다.

회사에 다니면서 주식을 계속해서
모은 돈이 23억 정도 있을 때 사표를 냈다.
14년 만에 혼자가 된 것이다.

2014년에는 100% 수익이 났고

2015년, 2016년, 2017년 계속 많은 수익을 냈다.

올해가 2019년이니까
3, 4년 전 일이네요?

예.

23억에서 200억 이상 번 것이
4, 5년 사이입니다.
그 사이에 10배 벌었어요.
중소형주가 장이
아주 좋았거든요.

어이구야 10배….
그래도 나는 만화만
그릴 거야.

비비고

2017년에 회사를 만들고 결혼도 했다.

블래쉬 투자자문

결혼 전에 사람들에게
보여주기 위한
명함을 만들기 위해서
회사를 차린 것 아닌가요?

ㅎㅎ~
그것보다도 제가 평생 살면서
제 능력으로 어느 정도
성과를 낼 수 있을까에 대한
의문이 생겼어요.

담당 세무사가 말했다.

사업하는 사람들
중간에 망한 사람들 많아요.
벌어놓은 돈으로 편하게 살지
왜 그러는지 이해가 안 됩니다.

건물 사서 임대료 받고
골프 치고
해외여행하고,
그것이 전부라면
내 나이에 성취감을
느낄 수 없습니다.

각자 사는 방법이
다른 겁니다.

선생님은
더 일 안 하셔도 되는데
왜 만화를 계속 그리십니까?

나는 백 대표만큼
부자가 아니니까….

선생님도 부자시잖아요.

투자 금액이 적었던 초기에는
주식을 샀다가 주가가 쑥 오르면
팔고 나오고 했는데
어떤 주식은 시간이 지났는데도
움직이지 않고
그대로 있는 것이 있었어요.

성장을 못한 거죠.

그런 회사가
상당히 많습니다.

나중에 보유 금액이 커지면서
생각이 바뀌었다.

단기 투자보다 긴 호흡으로 시장을 내다봤다.

몇 개월, 1년, 혹은 10년, 20년
지속적 성장이 가능한 회사를 찾기 시작했다.

그래서 산 주식이 있다.

뭔데?

MEMO
MEMO
MEMO
MEMO

경영진도 양심적이고 회사도 관련 산업이 열리면서
계속 커질 것이란 확신이 생겼다.

이쪽 산업은 전 세계적으로
연 10% 이상씩 성장하는데
이 회사는 매년 30% 이상
성장하고 있었다.

외손
초5
168cm

친손
초2
130cm

게다가 이 회사는
글로벌하게 독보적인 기술력도 가지고 있었다.

그 회사 지분을 8% 확보했다.

지금은 작은 중소기업이지만
10년 후를 내다보고 투자한 것이다.

내 나이 72…
10년 후면 82…
투자해? 말아?

길게 내다본다고 모두 성공하진 않는다.
길게 내다본 탓에
헛방 날린 경우도 있었다.

형, 이 게임 때문에 난리 났어요.
한 달 수익, 분기당 수익,
이걸 계산하면 지금 너무 싸다고요.

나도 그 게임이
히트한 줄
알고 있어.

많이 샀지?

아니.

왜?

게임의 유행은
굉장히 빠르게 변해.

지금은 지하철에서
이 게임만 할 정도로
파급력이 크지만
2년, 3년 후에도 그럴까?

이것이 돈이 되기 때문에
여기저기서 모바일 게임 만들려고 뛰어드는
회사들이 많잖아.

나중에 경쟁이 심해져서
어려워질 거라고 판단하고 투자를 하지 않았는데
사실 그 회사의 결과가 그렇게 됐었다.

나중에 어려워질 것이라고?
지금 들어갔다가
그 전에 빠지면 되지.

난 단기 투자는 안 해.

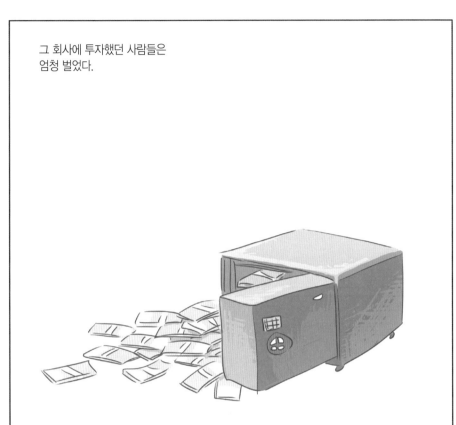

그 회사에 투자했던 사람들은
엄청 벌었다.

그때 그 주식을 샀었어야 했어요.

내 투자 아이디어는 맞았지만
돈을 번 것은
단기간 승부를 계산하고
그 주식을 산 사람들이었어요.

선수들도
눈이 안 보일 때가
있구먼.

앞으로는
장기 투자도 갈 건데
중간에 주가가 폭등하면
매도할 거죠?

지분을 일부 줄일 수는 있어도
손을 털지는 않을 겁니다.
그 회사를 너무 좋게 보고 있으니까요.
아주 길게 갈 겁니다.

일반 소액 투자자들은
주식투자에 도움을 줄 만한
성공한 투자자들을 만나기 어려운데
어떻게 해야지요?

저희들은
주식투자 스터디 모임을
여럿 합니다.

그런 자리에서 선수들을 만날 수 있고
다른 쪽으로 알음알음 소개받을 수도 있다.

허영만도 주식 만화를 그리겠다고 작정했지만
누구를 만나야 할지 막연했다.

한참 전에 만나봤던 성필규 씨가 생각났다.
성필규 씨는 선물거래로
대박을 터뜨린 선수다.

그런데 이름도 생각 안 나고
깝깝해서
2년 전 것부터 명함을
뒤지기 시작했다.

나는 받은 명함을 버리지 않아요.
내 명함을 휴지통에 버린다고 하면
기분 좋을 리 없죠.

비슷한 명함을 찾았고
전화를 했다.

회장님 지금 안 계십니다.

그분에 대한 기억은
독특하게 새를 키우는 취미가 있다는 것뿐이었다.

회장님이 혹시
새를 많이
키우시지 않나요?

맞습니다.

그 후 성필규 씨를 두 번 만났는데
주식 만화 얘기를 했드만
소개해준 사람이 백지윤 대표였다.

백 대표를 통해서
스터디 그룹 멤버들도 알게 되었다.

그 덕분에 전작 〈3천만원〉과 〈6000만 원〉을
그릴 수 있었다.

주식매매는 인간 심리와 떼어놓을 수 없다.

1억으로 1000만 원을 벌었을 때
쾌감의 수치를 100이라고 한다면

1억으로 1000만 원을 깨먹었을 때
고통의 수치는 20이 된다.
두 배 크게 느끼는 것이다.

그래서 손실을 피하려는 심리가 크다.

주가가 조금 오르면 매도를 하는 이유가 그것이다.
손실의 고통을 만나기 싫어서다.

매도하고 나서도 계속 그 주가를 살핀다.
매도 때 금액보다 더 올랐으면 속이 뒤집힌다.

그래서 매수보다
매도가 훨씬 어렵다.

매도를 머뭇거리다가 타이밍을 놓쳐
큰 손실로 가기도 한다.

그래서 어쩌라고?

손실에 대한 두려움은
무지에서 나오는 겁니다.

투자한 회사에 대해서 잘 알지 못하는 무지.

주가가 가라앉을 때 반등할 수 있을까 없을까,
그 회사의 능력을 모르는 무지.

손실이 반의반 토막 날 때
빨리 팔지 못하는 이유.

기다렸으면 두 배, 세 배 먹었을 텐데
급히 팔아버리는 이유.

모두 회사에 대해 무지하기 때문이다.

가치 투자는 회사에 대해
공부를 많이 해야 가능하다.

수익이 나고 있을 때 기다릴 줄 알고
손실이 나고 있을 때 털어버려야 하는 이유를
공부를 통해서 알 수 있다.

백 대표는
레버리지*에 대해
어떻게 생각해요?

● 레버리지(Leverage)
차입 자본(부채)을 끌어다가
자산을 매입하는 투자 전략

레버리지는 한번 쓰면
자꾸 쓰게 됩니다.

눈에 보이는 곳에
몰빵하기 위해 레버리지가
필요하니까요.

레버리지는 독입니다, 독.

증권시장에서 레버리지 시장이
10조가 넘는다는데
아무리 쓰지 말라고 해도
말릴 수 없는 상황이죠?

레버리지를
어떻게 하면 쓰지 않고,
쓸 때는 어떻게 해야
제대로 쓰는지 말해주세요.

한 방으로 돈을 번 사람은
그 한 방의 매력을
떨치지 못하고 한 방,
또 한 방 하다가
빈털터리가 됩니다.

저도 2008년에 레버리지 안 썼으면
망하지 않았을 거예요.

2008년에 망하지 않았으면
지금보다 훨씬 많이
수익이 났을 겁니다.

××형도 2008년에
손실이 많았다 하지만
원금은 손실이 없었어요.
레버리지를 쓰지
않았기 때문이죠.

저도 레버리지를 잘 써서
수익이 많이 났는데
진짜 선수는 그런 것 안 쓰고
꾸준히 버는 사람인 거죠.

사람들이 '대박, 대박' 하지만
주식에 대박은 없어요.

그래서 저는 '대박'이란
말을 싫어합니다.

아주 가끔 대박 쳤다고 소문이 나는데
그 확률에 들어가기는
99.999999% 불가능합니다.

대박은 신기루다. 대박은 없는 것이다.

주식투자는 작게, 꾸준히 벌어야
세월이 지나면서 돈이 산더미같이 쌓인다.

이 계산은 틀렸다.

주식투자 10년 만에
100억 벌었대.

그럼 1년에
10억씩 벌었네!

1년에 10억씩 10년을 번 것이 아니고
7, 8년 고생하면서 견디다가
나머지 2년 동안 좋은 결과가 생긴 것이다.

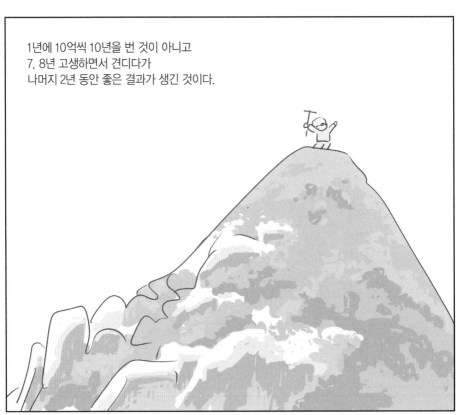

주식투자는 눈덩이 굴리듯 해야 한다.
작은 눈덩이는 굴리면 점점 크게 변한다.

회사의 내막을
공부할 때는
소유주의 도덕성도 공부해야 한다.

처음에 주식 공모를 해서 외부 투자를 받는다.

그때만 투자자를 주주로 생각하고
그 이후로는 수익을 전부
소유주인 자신의 몫으로
생각하는 경우가 있다.

카드 왜 이리
많이 써요?

경영이
이게 뭐야?

마이바흐는
왜 타?

아, 저 인간들 귀찮아.
푼돈 넣고 주인 행세야.

이런 회사의 주식은 사지 말아야 한다.

만화 독자 중
주식투자에 관심이 있지만
여건상 교제 폭이 좁은 투자자는
어떡해야 하지요?

누구나 전자 공시에 들어가면
다 나와 있습니다.

더 궁금한 것이 있으면
회사 주식 담당에게 물어보면
답해줍니다.

매출액이 늘었는데
왜 그렇죠?

그런데 왜
이익은 줄었나요?

수익을 많이 내는 투자자들은
일반인이 모르는 정보를 알아내니까
그렇다고들 하는데….

절대 아닙니다.

일반 투자자들이 공부를 많이 하면
기관 투자자나 애널리스트보다 훨씬 많이 알 수 있다.

그들은 자신의 돈으로 투자하는 것이 아니고
회사에서 월급을 받으니까 세심하게 매달리지 않는다.
추천하는 종목이 빠져도 월급이 깎이지 않는다.

그룹 스터디를 하고 개인적으로
공부하는 투자자도 많은데
그들이 수익을 많이 내지 못하는 이유는?

그것은 많이 알아보지
않아서 그렇죠.

주식이 빠진 이유라든지, 실적이 꺾인 이유,
경쟁 회사랑 시장 전체를 견주었을 때 주가가 싼지 비싼지,
성장성은 확실한지까지도 체크해야 한다.

싸다고 봤는데 싸지 않은 경우가 많이 있으니까.

잘 안 풀리니까, 화가 나니까
앞이 잘 안 보일 때는 걸으세요.

격한 운동을 하면 힘들어서
아무 생각 못 합니다.

차를 타지 말고
무조건 걸으세요.
거리가 멀면
좀 일찍 출발하세요.

여의도에서 뚝섬까지
3시간 30분 걸은 적도 있습니다.

앞으로 어떻게 살지?
주식투자하다가 깨지면 어쩌지?
주식투자로 원하는 만큼 벌면
무엇이 달라질까?

걸으면 생각이 많아집니다.
잡념이 정리가 됩니다.
건강을 지키니 주식매매 때
올바른 판단을 합니다.

허영만의

주식
타짜

가치 평가의 대가들

3

고액 배당주, 펀드 투자 전문가
직장인 고수

★ 김철광 ★

김철광

바람의숲

저는 고향이
어디인지 모릅니다.

아버지가 경찰 공무원이어서
전국으로 전근 다니셨어요.

그러다 부산에서
나를 낳으셨지요.

그러면 부산이
고향이죠.

우리 할아버지가
노름하시다가
크게 날리셨대요.

아버지가 그걸 보고 충격받아서
일체 노름이란 걸 하지 못하게 했다.

집에서 고스톱도 못 치게 했다.

집에서 화투 만지면
나가서도 만져.

김철광은 취직 후
신용카드도 만들지 않았다.

신용카드는
낭비의 통로니깐.

그럼 맨날 현찰만 넣고
다녀요?

아닙니다.
현금카드는 있습니다.
호호~

제가 얼마 전에
카드 갱신하러 갔는데
은행 직원이
깜짝 놀라더라고요.

현금카드 하나밖에 없는 사람은
자기가 근무하면서 처음 봤답니다.

사실은 카드가
하나 더 있습니다.

무슨 카드?

교통카드요.

윽!

카드가 많은 사람은
일고여덟 개씩 갖고 있더라고요.

카드가 그렇게 많을 필요가 있나요?
나도 카드 하나뿐인데….

와이프가 여러 개의
카드를 갖고 있어서 물어봤어요.
그랬더니,

"카드 하나 발급받으면
할인이 되는 혜택이 있으니까
재미있어서. 호호."
하더라고요.

저는 그런 것 싫거든요.

카드가 많으면
그만큼 위험하고
낭비하기 쉬워요.

그래서 노름도 그렇고,
주식투자도 그렇고,
아예 관심이 없었어요.

그런 분이
왜 주식에 손대기
시작했어요?

직장에서 아주 친한 형님이
말했다.

철광아, 주식투자
한번 해봐.

그건 투기잖아요.
나는 싫습니다.

철광이는 교회 다니니까
성경에 '달란트 비교'라는 것이
있다는 걸 알지?

알죠.

그게 무슨 얘기지?

주인이 종 세 명을 불러다가
각각 1달란트, 2달란트, 5달란트를 주면서
잘 이용하라고 했다.

한참이 지난 후 종 세 명을 다시 불렀다.

내가 준 달란트를
어떻게 했지?

저는 쓰지 않고 땅에
묻어놔서
1달란트를
잘 지켰습니다.

저는 2달란트를
두 배밖에
불리지 못했어요.

저는 열심히 장사를 해서
5달란트를
이렇게 많이 불렸습니다.

주인은 1달란트를 불리지도 않고
그대로 갖고 있는 종을 야단쳤다.

하나님은 우리의 자산을 불려서
가장 가치 있는 일에 쓰라고 하셨다.
그런데 너는 아무 일도 안 한 것이다!
어리석은 놈!

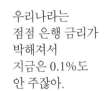

우리나라는
점점 은행 금리가
박해져서
지금은 0.1%도
안 주잖아.

철광이가 은행에
돈 맡겨놓는 것은
그 종이 1달란트를
땅에 묻어놓는 것이랑
무슨 차이가 있지?

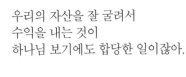

우리의 자산을 잘 굴려서
수익을 내는 것이
하나님 보기에도 합당한 일이잖아.

반박할 논리가 생각나지 않았다.

신앙생활을 같이 하던 선배가
그렇게 얘기하니까 할 말이 없었다.

어떻게 주식투자를 해야 하는지 물었다.

우리는 직장인이잖아.

단기 매매 이런 것은
불가능하니까
배당주를 노리는 거야.
고배당주.

연 배당 수익률이
8%, 10%.
이렇게 주는 회사들이
있다는 겁니다.

그렇게 많이 주는 데가
있어요?

10%씩 배당을 주는 회사가 있었고,
지금도 8%씩
주는 곳이 있어요.

1000만 원 맡기면
배당금으로
100만 원을!

그게 언제였어요?

2003년이었죠.

저는 다른 분들보다
늦게 시작했고
운용 자금도 적으니까
스스로 슈퍼 개미라고
하지 않습니다.

그냥 직장인
투자자죠.

2013년에 '맥쿼리인프라'라는
호주계 회사가 있었다.
서울—춘천 간 고속도로 같은 구조물의
운영권을 가진 회사였다.

예를 들면, 2조 원의 돈을 들고
우리나라에 와서
고속도로나 터널을 뚫어주고
통행료를 30년 동안 받아 가는 것이다.

그런 사업은 세금 혜택까지 있어서
다른 사업은 22~28% 세금을 낼 때
맥쿼리인프라는 11.1%밖에
내지 않았다.

게다가 고속도로 수입은
갑자기 줄어들 일이 없고
자동차가 계속 많아지니까
걱정할 일이 없다.

1년에 두 번 배당이 나왔습니다.
상반기 한 번,
하반기 한 번.

오, 보통 1년에
한 번 나오지 않나요?

월급 받는 기분이겠어요.

분명 그런
회사가 있습니다.

그런데 투자자들은
매달 1%의 배당금에 만족하지 않는다.

하루에 3, 4% 벌 자신이 있다면서
이런 투자는 쳐다보지 않는다.

왜 그럴까?
1억 넣어두면 월 100만 원 나오고,
10억 넣어두면 월 1000만 원이 나오는데,
왜?

10억 가지고
1000만 원을 벌 수 있는
투자처는 없다.

건물을 사도
임대료가 그렇게 나오지 않고,
나온다손 치더라도
부가세, 소득세 등을 공제하면
턱도 없다.

에이리츠라는
부동산 펀드 회사가 있어요.

아파트를 분양해서
수익이 나면
수익금을
나눠주는 회사입니다.

2013년 10월에 착공해
2016년 4월에 준공되었는데요,
이 기간 동안
주당 총 1,587원의 배당금이
나왔습니다.
시가 배당 수익률이 31%였죠.

와!
누적 시가
배당 수익률 31%!

지금까지 여러 사람하고
이런 얘기 나눴는데
주식만 얘기했지
배당금 받고 펀드 얘기하는 사람들은
없었어요.

대부분 고위험·고수익을 추구하지만
저는 애초부터 저위험·적정 수익을 원하니까
직장 일도 열심히 할 수 있고
수익과 손실 때문에 속상할 일이 없습니다.

경춘고속도로 가다가 차 막히면 짜증 나잖아요.
그러나 나는 즐겁습니다.

하하하!
저것이 전부
돈이다!

맥쿼리인프라에 투자해서 재미를 보다가
결정적으로 수익이 크게 난 때가
2008년 미국발 서브프라임 모기지(Subprime mortgage) 사건이 터졌을 때였다.

나라가 망한다고 난리가 나면서
주가가 반 토막이 났는데
이 시장이 희한한 것이
매년 10%씩 배당금을 주는 회사가
주가가 반 토막이 나니깐
수익률이 20%가 되는 거예요.

주가가 6,000원일 때
배당금이 600원이면
시가 배당 수익률이 10%죠.

그런데 배당금을
그대로 600원을 주면서
주가가 3,000원으로 빠지니까
시가 배당 수익률이 20%로
두 배 증가하는 겁니다.

그래서 시중 금리가 5%라면
시가 배당 수익률 20%는
지속 불가능이거든요.

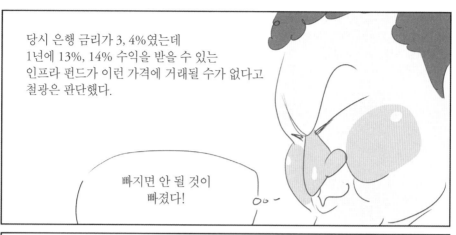

당시 은행 금리가 3, 4%였는데
1년에 13%, 14% 수익을 받을 수 있는
인프라 펀드가 이런 가격에 거래될 수가 없다고
철광은 판단했다.

빠지면 안 될 것이
빠졌다!

철광은 보수적 투자로 5000만 원을 굴리고 있었는데
투자금을 파격적으로 늘렸다.

나라가 망한다고 떠드는데
경춘고속도로에 자동차가 꽉 차 있다.
그런데 주가가 왜 내려?

2008년도에는 투자자 대부분이
손해를 보고 주식을 팔았다.

전체 분위기가 하향세니까
맥쿼리인프라 같은 우량주도
일괄 매도해버리는 것이다.

동북아 27호, 28호, 29호, 30호*.
상장 선박 펀드가 있었는데,
각각 15만 4970데드웨이트(D/W)*급
유조선 한 척을 소유한 선박 펀드들이었다.

● 데드웨이트(dead weight, D/W)
선체와 설비, 기타 항해에 필요한 연료, 식료품 등을 제외한 적재 화물의 중량을 말한다. '재화 중량 톤수'라고
도 한다.

● 동북아27호선박투자회사, 동북아28호선박투자회사, 동북아29호선박투자회사, 동북아30호선박투자회사,
네 개의 상장 선박 펀드 회사들은 모두 보유 선박이 매각되어, 현재는 상장되어 있지 않다.

배 한 척의 가격이 4800만 달러라면,
선가(선박 가격)의 70%인 3360만 달러를
선순위 대출로 조달받고,
선가의 20%인 960만 달러는
주식시장에서 상장 선박 펀드로,
나머지 선가의 10%인 480만 달러는
용선 보증금으로 조달받아서
선박을 건조해 5년간 운영한다.

매각 당시 중고선가가 좋다면
원금뿐 아니라 시세 차익도 얻을 수 있고요,
만약 중고선가가 낮다면
원금 손실이 발생할 수도 있습니다.
그런데 당시 중고선가가 이례적으로 매우 좋아서
신조선가보다도 높은 상황이었습니다.

그럼 원금은
확보가 되는 거네요.

우리가 자동차를 산 뒤
5년 후 중고차 값을 예측할 수 있듯이
배 가격도 5년 후 얼마쯤 될지 짐작할 수 있다.

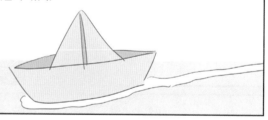

이 주식을 갖고 있던 주주들이
시장이 너무 안 좋으니까
중고 배 가격이
형편없이 떨어진 걸로 판단하고 매도했는데,
저는 반대로 생각했어요.

주식은 싸게 사서
비싸게 팔아야 하지만
이것은 그럴 필요가 없어요.
배당금이 꼬박꼬박 나오는 데다
중고선가가 높으면 시세 차익까지
얻을 수가 있으니까요.

맥쿼리인프라나
선박 펀드 같은 것은
직장인들이 투자하기
딱 좋아요.

왜냐면 선박 펀드를 사놓고
언제 판다는 것을 알고 있으니까
주가가 어떻게 움직이든
상관이 없거든요.

철광은 선박 펀드에서 수익을 많이 낸 뒤
전환사채*나 신주인수권부사채*에 투자했다.

● 전환사채(Convertible Bond, CB)
일정한 조건에 따라 채권을 발행한 회사의
주식으로 전환할 수 있는 권리가 부여된
채권. 전환 전에는 사채로서의 확정 이자
를 받을 수 있고 전환 후에는 주식으로서
의 이익을 얻을 수 있는, 사채와 주식의 중
간 형태를 취한 채권이다.

● 신주인수권부사채(Bond with Warrant, BW)
사채 발행 후, 일정 기간 내에 미리 약정된 가격(신주인
수가격)으로 당해 발행 회사에 일정한 수 또는 금액에
해당하는 신주의 교부를 청구할 수 있는 권리가 부여된
사채. 신주인수권의 분리 유통성 여부에 따라 분리형과
비분리형으로 나누어지고, 신주인수권의 행사 청구 방
법에 따라 현금 납입형과 대용 납입형으로 분리된다.

어떤 회사가 운영자금을 충당할 때
사채로도 조달할 수 있고 대출을 받을 수도 있다.

전환사채나 신주인수권부사채는
보통 3년 만기로 발생되는데,
3개월마다 약정된 쿠폰 금리를
12회에 걸쳐서 지급한 뒤,
마지막 회차에서는
만기 보장 수익률에 맞는 금리를 가산해서
원금과 함께 지급한다.

또한 전환사채나 신주인수권부사채는
보통 조기상환 청구권을 1년 6개월 뒤부터
행사 가능한데,
이 조기상환 청구권을 행사하면
예정된 이자와 함께 원금을 상환받을 수가 있다.

전환사채나 신주인수권부사채가 가장 매력적인 부분은
예정된 행사가보다 주가가 높게 형성이 되는 경우
주식으로 전환 신청이 가능하다는 것이다.
예컨대 행사가가 5,000원인 전환사채를 보유한 경우,
주가가 상승하여 행사가 5,000원 이상이 된다면
주가와 행사가 차액만큼이 모두 수익이 된다.

전부들 IMF 때라든지 금융 위기 때처럼
폭발 장이 없어서
요즘은 재미가
없다고 해요.

투자자들이
변화를
빨리 잡아내지 못해서
그렇다고 봅니다.

'트레바리'라고
들어보셨어요?

못 들어봤어요.

유료 독서 토론
모임입니다.

책을 구입해서
집에서 보지,
그런 데 왜 가요?

선생님은 그런 모임에
돈 내고 가겠어요?

그것도 상장된
건가요?

상장된 것이 아니고
일반 기업에서 하는
모임입니다.

그런데 참여하는 사람들이 엄청 많습니다.

연세가 있으신 분들은 여전히 옛날 방식으로 생활하고 있어서 모르시는 겁니다.

소비 패턴이 달라졌다.

음식은 식당에서 사 먹어야지.

Old Generation

귀찮게 식당에 왜 가요? 주문해서 먹지요.

Market Kurly

장사가 잘되는 구역에서도 장사가 잘되는 집이 있고, 장사가 안되는 집이 있죠.

인구 5000만 명이
갑자기 4000만 명으로
줄어드는 것은 아니지요.

5000만 명이 한꺼번에 갑자기
단식하는 것도 아니고요.

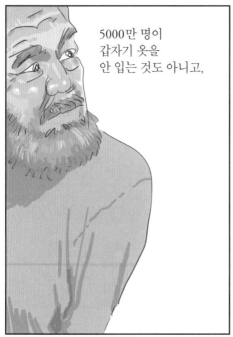

5000만 명이
갑자기 옷을
안 입는 것도 아니고,

술 마시던 5000만 명이
개과천선해서
술 안 마시고 물만
마시는 것도 아니죠.

소비 패턴이 오프라인에서
온라인으로 바뀐 것을
모르는 거예요.

작년에 크게 수익을 올린
에코마케팅이란 회사가 있다.

비디오나 유튜브에서
광고되는 물건을 판매하는 회사인데
실적이 계속 뛰고 있다.
이런 곳에 투자하면
계속 수익이 늘어난다.

에코마케팅은 주주가 소수이고 수익률이 좋은데,
만약 이런 회사에 투자하지 않고 주주가 수만 명인
수익률 나쁜 대형 유통 회사에 투자한다면
손해 보는 사람들이 많아질 것이다.

손해를 많이 본 많은 투자자가 시장이 안 좋다고 한마디씩 하면
그것이 전체 시장의 분위기가 되고 만다.
수익을 올리는 사람들이 분명히 있는데도 말이다.

만화 단행본이
안 팔려요.

만화 시장도 서점에 깔리는 만화책은
안 팔리지만 온라인 만화 쪽은
엄청나게 성장하고 있잖아요.

그러니까 화백님도
출판 만화만 고집하면
안 된다는 겁니다.

예수님도 1달란트를 지키기만
한 사람의 돈을 뺏어서
5달란트로 10달란트를 번 사람에게
줘버리잖아요.

잔인하지만
이것이 경제 논리입니다.

주식투자자들은 힘들다고 그 돈을 다 빼서
부동산 투자를 하거나 다른 곳에 투자하지 않는다.

손해 본 주식을 빼서
다른 주식에 넣고 만회하려고 한다.

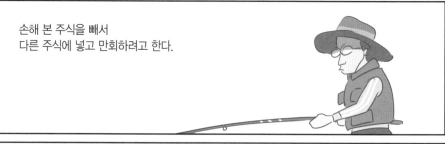

시장의 심리는 9개 기업의 주가가 올라가지 못하더라도
한 개가 잘 나가면 그곳으로 돈이 쏠린다.

누구나 시장이 좋다는 때는
투자를 오히려 줄여야 할 때이고

힘들고 어렵다고 할 때가
적극적으로 투자를 해야
할 때입니다.

지금 어렵다고 하는데
언제는 좋았던 적
있었나요, 뭐.

ㅎㅎ 그렇죠.
다 좋았던 적은
없었죠.

처음 수영을 배울 때 구명조끼를 입고 하다가
물에 뜰 능력이 생기면 구명조끼를 벗고
30m 가다가
50m 가다가
100m 가죠.

그러다가
납 벨트를 허리에 달고
잠수도 하는데,
수영을 할 줄 모르는 사람에게
처음부터 납 벨트를 달아주고
물에 들어가라고 하면
죽으라는 얘기잖아요.

주식투자도 마찬가지라고 봅니다.
차근차근 배워나가고 경험해나가야죠.

30m 가다가 안 되면
다시 훈련해서
재도전할 수 있지만

납 벨트 달듯이
수억을 투자해서 깨지면
재도전은 꿈도 못 꾸는 거죠.
완전히 깨져버린다고요.

주식투자는
지적인 모험입니다.

어떤 회사를 놓고
회사의 장래에 대해
시나리오를 짠다.

그것이 딱 맞아떨어졌을 때
쾌감은 짜릿하다.

거기에다 큰 수익까지 얻으니
비길 곳 없는 모험이다.

시나리오가 맞았을 때는 대박 나고,
시나리오가 틀렸어도 크게 손해를 보지 않는
투자를 해야 합니다.

얼마 전에 헌법 재판관에 임명되었던 분 남편이
주식투자로 돈을 많이 벌었다고 시끄러웠다.

그분이 이테크건설에
투자했는데
저도 이테크 쪽
많이 했었어요.
유명한 가치주였죠.

배당 받아가면서 정당하게 투자한 건데
부정 축재나 한 것처럼 시끄러웠죠.

공무원들은
다 가난해야 하나요?

열심히 본업에 충실하면서
배당 투자를 한 것인데
왜 문제가 된다는 거죠?

4, 5년간 고배당 종목 투자,
인프라 펀드 투자, 선박 펀드 투자 등을 했을 때는
구명조끼를 걸치고 안전한 투자를 했을 때고,
2009년 이후부터는
매출액이 증가하는 기업들을 골라
투자하기 시작했다.

김철광의 본업은 사업하다가
문제가 발생하는 일들에 대하여
뒷수습하는 것이다.

그러다 보니 사람을 대할 때
부정적인 생각밖에 들지 않았다.

저놈이 나한테
사기 치려고 이러나?
넌 사업하면
분명히 망할 거다.
보여, 보인다고.

그러다
주식투자를 하니까
미래를 상상하면서
인생관이 확 달라졌다.

최근 풀무원에서 만든 만두가
잘 팔리고 있다는 것을 알았다.

손님들이
이 만두만
찾아요.

왜 그래요?

요즘 살찌는 걸
싫어해서
탄수화물을
기피하거든요.
만두피가
탄수화물이잖아요.

그래서
두꺼운 만두피로
만든 만두보다
얇은 만두피로 만든
풀무원 만두를
사는 거죠.

풀무원
돈 많이
벌었겠다!

검색해보니까
얇은 피 만두가
7일 만에
50만 봉이나 팔린 것이다.

그래서 마트 가서 사진 찍어서
주식투자 동아리 모임 할 때 얘기해봤다.

이거 대박 쳤어.
한번 알아보자.

그래?

만두피 하나 가지고
주가가 왔다 갔다 해요?

허니버터칩 하나로
크라운제과 주가가
크게 오른 거랑 같죠.

손님이 북적대고 매출이 늘면
주가가 빠지는 일이 없다.

영업이익은 나중이고
매출 커지는 것이
중요하다?

그렇죠.

영업이익을 내려면
판매관리비를 낮추어야 하고
광고비를 줄이면 광고비만큼
영업이익이 생긴다.

회사가 100억을 건물이나 자동차를 구매하는 데 사용한다면 오래 남는데,
100억을 TV 광고 등에 사용한다면
광고 시간이 훅 지나가고 나면 날리는 것이나 다름없다.

그런데
F&F는
광고비를
엄청 쏟아붓고
있는 겁니다.

중소기업이 그 정도로 광고비를 쓴다는 것은 둘 중 하나다.

그 회사 사장이
미쳤거나,

확실한
아이템이
있거나.

인기 모델을 앞세워 만든 영상물을
강하게 밀어붙여 이미지를 확실히 부각시키고,
각인된 이미지가 매출로 이어진다면
그 후 광고비를 지출 안 하는 만큼 이익이 잡힌다.

작년에는 광고비 지출 때문에 수익이 안 났는데,
올해는 광고비 지출이 없어도 매출과 마진이 늘었다.

그럴 때 투자한다는
말이죠?

ㅎㅎㅎ

시장을 눈여겨봐야 한다.

우리 때는 시간 나면 당구장에 샀지만
요즘 아이들은 당구장 안 가고
컴퓨터를 끼고 살지요.
그걸 모르고 당구장 열면 힘들어져요.

아이들이 학교 과제를
키네마스터라는 툴(tool)로
만들고 있으니까
그쪽 주식을 살 수도 있고
아프리카TV 주식을 살 수도 있죠.

아들은
어떤 게임을 좋아하나
눈여겨보고,

딸은 어떤 화장품을
좋아하나도 보고.

화장품!

요즘 초등학생들도
화장하잖아요.

그러면 화장품
관계 회사 주가가
높아야 하는데
그렇지 않은 것은
왜 그래요?

주가를 보기 전에
그 회사의 매출이
늘고 있는지
줄고 있는지를
봐야 합니다.

어떤 화장품이
제일 인기가 있는지….

매출이 늘었는데
주가가 빠지는 것도
무슨 이유가 있는지….

아, 이 회사는
매출이 15% 줄었네요.
성장을 못하고 있다는 것이지요.

우리가 가게를
인수할 때도
맨 먼저
물어보는 것이
3개월 정도의 매상
이거든요.

그때 인건비,
가겟세 등등을 따져보고
현재 주인이 무엇 때문에
가게를 매물로 내놨는지
살펴봐야죠.

전에는
이민 가니까
가게 판다고 했는데
요즘은
뭐라고 하나?

김철광 씨는 직장에 매일 출근하잖아요.

그럼 매매는 언제 해요?

매매는 잘 안 합니다.

고배당주는 매매 자체가 필요 없고

지금 투자하고 있는 주식들도 분기별로 한 번 정도 실적이 바뀌니까 자주 매매할 필요가 없습니다.

그래도 변수가
갑자기 생겨서
꼭 매매를 해야
할 때가 있을 텐데?

그럴 때는 점심시간에 창고 같은 데에 가서
가끔 매매를 합니다.

사이트에 올릴 글도
자주 써야 할 텐데?

그건 주말에 씁니다.

아니, 그러니까
매매를 안 하는데
쓸 글이 있냐고요.

매매는 안 하지만
생각은 계속하죠.

회사에서는
김철광이 주식할 거라고
생각하는 사람
한 명도 없을 겁니다.

휴대전화에는 주식 앱 자체가 없고
주식거래를 하는 걸 본 사람도 없고
평소에도 주식 얘기한 적이 없고
누가 주식 얘기해도 관심도 두지 않는다.

위런 버핏이
말했어요.

경기에서는
점수 판만 쳐다보는
선수들이 아니라
시합에 집중하는
선수들이 승리한다.

주식투자에
자신 있다면서
회사는 왜 다녀요?

전업 투자자가 될 정도로
투자 금액이 크지 않고,
직장 업무에 집중하다 보면
장중 주가를 보지 않게 되고
시간도 빨리 가더라고요.

그래서 회사 다닙니다.

전업 투자하면서
주식투자하는 친구가 있는데
CJ CGV에서 VVIP 초대권이 왔대요.

전업 투자하면서
영화를 얼마나 많이 봤길래?

영화관에서
1년에 250편
본답니다.

3일에
두 편 본다는 말인가?

그 친구는 장중 주가를
보지 않기 위해서
장이 열리는 시간에
영화관에 가서
영화를 본답니다.

계속 주가를
보고 있으면
뇌동 매매를 할
확률이 높아지니까요.

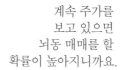

그럼, 뇌동 매매를 하지 않기 위해서 직장 생활을 하고 있다는 것인가요?

ㅎㅎ 그렇죠. 장중 뇌동 매매를 막기 위해서 영화관으로 가는 친구도 있는데, 저는 직장 생활에 집중하면서 뇌동 매매도 막고 월급도 받고 좋지 않습니까?

4전 5기 홍수환 세계 챔피언의 어머니는 아들이 권투 하는 걸 한 번도 본 적이 없다.

아들이 두들겨 맞는 것을
차마 눈 뜨고 못 보겠다는 것이다.

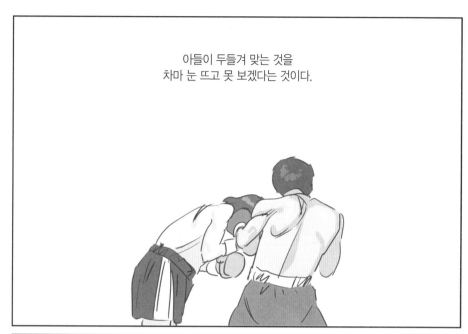

권투는 한 대도 맞지 않고
이길 수 없다.

많이 맞아도 안 쓰러질 맷집이 있어야 하고
더 많이 패서 이기는 것이 권투다.

주식투자도 백전백승해서
수익을 내는 것이 아니라
100종목 투자해서
40종목 손해 보고
60종목 수익 내면
돈을 버는 것이다.

그것을 계속 보고 있으면
인내심이 소진되어서
판단 착오를 하게 된다.

내가 판 주식은 늘 오르고
내가 보유하고 있는 주식은
늘 빠지는데 왜 그럴까?

그거야, 네가 판 주식은
1년 전에 산 거고,

네가 보유하고 있는 주식은
2주일도 안 되었기 때문이야!

1년과 2주일의 시간을 생각 안 하는 것이다.
투자는 '시간'이라는 개념이 반드시 들어가야 한다.
시간, 즉, '시차 보상'*이라는 개념을 무시하면
'팔면 날아가고 사면 떨어지는 일'이 반복된다.

난 왜 엿 같은 종목 사서
손해 보는 걸까?

● 시차 보상

투자 수익은 위험 보상과 시차 보상으로 구성되어 있다. 위험 보상은 '현재의 확실한 소비에 대한 보상으로 기대하는 미래의 불확실한 이득'이라고 정의할 수 있다. 미래 투자 수익은 기대했던 것만큼 실현되지 않을 가능성이 얼마든지 있다. 이런 위험을 정확하게 인식한 뒤 투자를 한다면 두려울 게 없을 것이다. 투자 수익은 위험을 감수한 보상으로서 돌아오는 것이다.

시차 보상은 '일정한 시간적 틀 안에서 얻는 수익'이라고 할 수 있다. 투자는 현재(오늘) 시점에 발생하고, 투자 수익은 미래(내일)의 어느 시점에 발생하는 것이다. 투자란 미래의 더 큰 이득을 위해 현재의 소비 일부를 희생(유보 또는 연기)하는 것이다.

따라서 투자는 어느 정도 투자 예정 기간을 정해놓고, 그 시간까지는 반듯한 생각과 뚝심 있는 원칙을 일관되게 지켜나갈 필요가 있다. 내가 투자한 주식이나 채권이 단지 시장 가격이 떨어졌다는 이유만으로 불안해하고 잠 못 이룬다면, 투자를 잠시 멈추고 자신이 가지고 있는 투자 철학과 원칙이 무엇인지를 곰곰이 생각해볼 필요가 있다.

투자는 아침에 투자해서 당일 오후에 회수하는 것은 상상할 수 없는 일이고, 단 며칠에서 몇 주 만에 회수한다는 것은 더더구나 일어날 수 없는 일임이 분명하다.

투자는 투자자 자신이 가진 철학과 원칙, 소신이 무엇인지, 그리고 그 철학과 원칙, 소신을 얼마만큼 일관성 있게 지켜나갈 수 있는지 등과 관련된 문제이며 이런 자신의 소신을 시험하는 장이 주식시장이다. 투자자는 변동성을 지닌 주식시장을 자신의 원칙과 철학을 올곧게 버티어나가는 연습의 장으로 맞서야 할 것이다.

주가가 빠졌으면 왜 빠졌나를 연구하고
더 살 여지가 있으면 큰 수익으로 연결된다.

축구 경기에 훌리건이 있다.
응원하는 팀이 지면 난리굿이다.

죽여!

폭파시켜 버릴거야!

주식시장에도 훌리건이 있다.

또 떨어져?
어제 산 주식이
저점이 아니었어?

3일 전에
저점인 줄 알고
질렀는데 게속
다운! 다운!

망할!
어디가
저점이야!

주식을 정말 잘하려면
내가 산 주식이
내 마음대로
움직이지 않더라도
믿고 기다릴 수 있는
근거가 있어야 한다.

삐약

날씨가 뜨거우니
음료수가 잘 팔릴 거야.

언젠가
비는 온다!

단타를 많이 하는
사람들은 왜 그래요?

단타를 많이 치는 사람들은
주식시장에서 장기 보유로
상처를 많이 받은 사람들입니다.

나?

하응

장기 보유로 수익을 내지 못했지만,
본전 생각에 주식시장을 떠나지도 못하고,
단기간에 원금을 회복하겠다는 사람들이죠.

아니거든!

장기 보유로
돈을 크게 번 사람들은
단타를 아무리 부추겨도
단타 안 합니다.

이 사람은 어때요?
하웅 씨는 단타로
작년 수익 550%였거든요.

그분은 대단히 특수한 경우고요.
단타는 직장인이 할 수 없습니다.

직장도 잘리고
주식도 손실 날 겁니다.

제가 나가는 가치 투자 모임이 있는데,
처음 시작할 때에는
모두 직장을 다니면서 주식 하는
부업 투자자 모임이었어요.

그런데 지금은 두 명 빼고
전부 전업 투자자로 바뀌었다.
돈을 충분히 벌어서
직장에 다닐 필요가 없게 된 것이다.

돈을 충분히 벌었다면
얼마를 얘기하는 거죠?

최소 50억 이상입니다.

아무 일 안 하고
50억을
곶감 빼먹듯이
쓰면서 살아요?

50억을 그냥
묵혀두는 것이 아니고
계속 주식투자를
하는 겁니다.

30억 정도는 리츠(REITs)나
고배당주로 구성하는
인컴 펀드(income fund)
포트폴리오를 만들고,
나머지 20억으로는
직접투자를 합니다.

30억 인컴 펀드에서
배당수익률 8%만 나와도,
연간 2.4억의 배당금이
나옵니다.
사는 데 전혀 지장 없지요.

헉!
그러네!

저도 과거에 단타로 돈을 벌어보고자
시도해본 적은 있었습니다.

어떤 사람은 단타를 해서
돈을 많이 번다는데
나도 해보자!

근무 중에 단타 치면 싸대기 맞으니까
2003년 여름휴가 때 이틀간 단타를 해봤다.

왜 사는지도 모르고 왜 파는지도 모르면서
시세 변동 폭에 따라서 매수·매도를 반복했다.

한 종목을 하루에 12번 사고팔았다.
근데 시가와 종가가 똑같았다.
결과적으로 나는 단타로 손실을 입었다.
그해 여름휴가 때의 단타 투자 실패 이후
단타 투자는 포기했다.
단타로는 수익을 낼 수 없다는 것을 절감했고,
직장인은 주식투자로는
돈을 벌 수 없다는 점을 깨달았다.

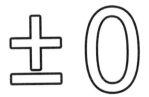

당구장만
돈 벌게
해줬구만.

그다음 해 1월, 직장인 주식투자자로서는 매우 큰 충격적인 사건이 있었다.

김 형, 오늘 퇴근하고 뭐해?
내 방에 좀 와줄래?

고위 공직자는 재산 등록을
해야 하잖아.

예, 국장님.

등록할 것이 너무 많아서
도와주면 좋겠어.
이런 분석에 약해.

재산 등록 방법은
부동산등기부등본, 자동차등록원부,
은행이나 증권사의 잔고증명서 등을
재산 등록 프로그램에 입력하는 것이었다.

아파트나 자동차는 신고가 간단하지만
나머지는 전부 주식이었다.

처음 입력할 때에는
작년 대비 자산이 얼마나 늘어났는지 몰랐는데,
모두 입력하고 나서 검산을 해보니,
놀랍게도 1년 동안 자산이 13억이나 늘어나 있었고,
그 13억은 대부분 주식 평가이익이었다.
다른 친구들이 이런 이야기를 했다면 믿지 않았겠지만,
난 증권사에서 공식적으로 발행한 잔고증명서를 통해서
정확하게 그 금액을 모두 확인했다.
엄청난 충격이었다.

그 국장님은 단 한 번도 주식 얘기를 한 적이 없었다.
설마 그 국장님이 이렇게 큰 금액을 운용하실까,
우리 직장 내에서 그 누구도 감히 상상조차 할 수 없는
그런 스타일의 국장님이었다.
그 국장님은 오로지 일만 열정적으로 하시는 분이었고,
업무가 끝난 뒤 회식 자리에서도 늘 일 이야기만 하셨던 분이었다.

김 형, 다른 데 가서
이 얘기하지 말아줘.

주식 얼마 하지도 않은 사람들이
'벌었네, 망했네' 떠벌리고,
많이 벌었다고 해외여행 가는 사람들은
기껏 몇천만 원 벌고서
요란 떠는 것이다.

이후 나도 국장님처럼 회사 내에서는
철저하게 주식투자를 한다는 사실을 숨긴 채 업무에만 집중했다.
근무시간 중에는 철저하게 주가 조회도 하지 않았고,
어쩌다가 주식 이야기를 동료들이 해도
난 전혀 모르는 사람처럼 행동하면서
조용히 장기 가치 투자를 했다.
그러자 그렇게 나오지 않았던 투자 수익이 쌓이기 시작했다.
그리고 마침내 서울 지역 아파트까지
여유 있게 구입할 수 있을 만큼 자산이 쌓였다.
아파트를 구입하자, 다른 동료들이 묻기 시작했다.
어떻게 아파트를 구입할 수 있었는지 말이다.

형님 집 샀다면서요?
무슨 돈으로 샀어요?

나는 회사 내에서는 어느 누구에게도
주식투자 사실을 밝히지 않았지만,
그 동생은 내가 믿는 동생이라서
그 동생에게만 사실을 얘기해줬다.

주식해서
벌었어.

얼마 안 있다가 그 얘기가 거꾸로 내게 들려왔다.
뒤에서 흠잡는 얘기들이었다.

그 뒤로
혹 누가 물어보면
이렇게 얘기했다.

최근에 쫄딱 망했어.

망한 것은
확인 못 하니까.

단타나 장중 매매를 하지 않게 된 것은
대학 때 굉장히 친했던 선배랑
이런 일이 있었기 때문이다.

대학 2년선배
겸 같은직장
2년선배

그 선배가 같은 직장,
같은 부서의 직속 상사로 왔다.

철광아,
이 일 좀 해라.

예.

당시는 주식투자 초기라,
장중 주가를 간혹 보기도 했다.

철광아,
나를 따라와.

이건 직장 상사로서
때린 것이고.

그 형님은 철광에게
"너와 내가 단지 직장에서 처음 맺은 인연이라면
이렇게 하지 않았을 것이다"라며,
"너와 나는 학교에서 한 번,
직장에서 또 한 번 두 번 맺은 인연이라,
이런 너의 행동이 얼마나 심각한 문제인지를
각인시켜주고 싶었다"라고 설명하며,
"퇴근하고 소주 한잔하자"라고 하였다.
그리고 술자리에서
철광에게 매우 감명 깊은 이야기를 해주었다.

얼마나 잃었어?

그냥…
조금….

직장에서는 선배들이 후배들을
이끌어주면서 함께 성장하는 거야!

지금 너의 선배들이
나중에 높은 위치에 오르면
그때 함께 일할 친구를 찾게 돼.

그런데 근무 시간 중에
딴짓하는 친구라면
나라도 그런 친구를 쓰지 않아!

직장 내에서 크게 쓰이는 인재가 되었으면 하는 선배의 충고에
철광은 큰 감명을 받았다.
이후 철광은 직장 동료들이 볼 수 있는 환경에서는
절대 주가를 조회하지 않았고,
은밀하게 투자하기 시작했다.

이후 철광은 장기 가치 투자를 지향하면서,
기업의 성장에 동참하는 투자를 했다.
하지만 그렇다고 손실이 전혀 나지 않는 것은 아니었다.
대충 계산해서 오판한 사례도 있었다.

삼광글라스라고
소주병, 맥주병을 만드는 회사에 주목하고 매수했다.

술은 병에 넣어서 파니까
이 회사 괜찮겠다.

더구나 병은 썩지도 않으니
하자가 생길 이유도 없잖아.

그러나

아차!

요즘 젊은 세대는 병맥주를 안 마시고
캔맥주를 마신다는 것을 생각하지 못했다.
또 하우스 맥주를 마시니
맥주병의 수요가 저조했다.

와인은 생산지에서 병에 넣어
들어오는 것이어서 관계없고

기껏 소주병 정도의 수요만 있었다.

외부 회계 감사인이 감사 과정에서
회사에 재고가 엄청나게
쌓여 있는 것을 발견했다.

안 팔리는데
왜 만든 겁니까?

그게….

유리는 모래 속의 규소를 녹여서 만든다.

병이 안 팔린다고 고로를 멈춰버리면
재가동할 때 비용이 엄청나니까
울며 겨자 먹기 식으로
공장을 돌리고 있었다.

2018년 3월 29일,
외부감사는 쌓여 있는 병에 대한
재고자산 폐기 문제로
'한정' 의견*을 제출했고,
이로 인하여 주가는 30% 이상 급락했다.

● 한정 의견
회사의 재무제표
가 전반적으로 회
계기준에 따라 표
시되었으나, 일부
맞지 않는 부분이
있다는 뜻

현재 이 회사는
강화유리 밀폐 용기 매출을 높이는 방향으로
실적 반전을 모색하고 있다.

주주총회에 참석해보면,
개인 주주는 몇 명 안 된다.

그 회사 주식을 7, 8억어치 갖고 있거나

장기 보유한 주주가 많다는 것이다.
지금 경영진의 선대가 경영할 때부터
20~30년을 보유한 주주도 있다.

그 회사의 비즈니스 모델에 대한 탁월한 안목을 가진 경우도 많다.
매년 주주총회에 참석한다는 것은 주가가 아닌
사업 자체에 관심이 많다는 것이기 때문이다.

이러한 특징들을 가진 개인 주주들은
보통 수 명에서, 많아도 20~30명이 넘는 경우가 드물다.

철광은 주주총회에 참석하면
가급적 이러한 개인 주주들의 휴대전화번호를
입수하기 위해 노력한다.

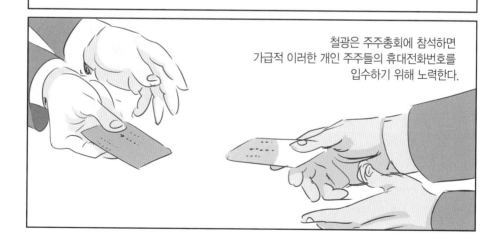

이들은 엄청난 자산가거나
이 회사에 대한 정보가 많기 때문에
주가가 급등하거나 급락할 경우
회사보다 이들에게 물어보면
시정을 금방 알 수 있다.

주식투자를 하다 보면,
솔직한 IR* 담당자를
만나는 경우도 있다.

● IR(investor relations)
투자자 관계, 또는 기업
설명 활동. 기업이 자본
시장에서 정당한 평가를
얻기 위하여 주식 및 사
채 투자자들을 대상으로
실시하는 홍보 활동

회사의 실적에 대해 강도 높게 추궁을 하던 중이었다.

올해 3분기 실적이 전 분기 대비해서도,
전년 동기 대비해서도
왜 이토록 악화가 된 것입니까?

나가서
소주 한잔합시다.

뜻밖의 제안이었다. IR 담당자가 소주 한잔을 제안하는 경우는 드물다.
IR 담당자는 회사 내부 사정에 대해서 진솔하게 이야기했다.

이번 3분기 실적이 잘 안 나왔는데 연간으로 실적을 봐주세요.
주식투자자는 분기별로 실적이 나오니깐 분기 실적에 민감하지만,
회사 경영진은 연간 단위로 매출을 계획하고
그것을 실행해나가지 않습니까.
이번 3분기 실적은 이미 수주받은 물량에 대한 결재일이
4분기로 연기되면서 미스가 난 것이지,
연간으로 보면 전년 대비 성장을 할 수 있을 겁니다.

저기 저희 회사 본사
건물을 보세요.

본사 건물입니다.
지금 9시인데
직원들은 퇴근하지 않고
일하고 있습니다.

거래처 사장님들은
벤츠 타고 다니는데
우리 사장님은
지하철 타고 다니십니다.

절대 긴장 풀지 않고
외길만 달리고 있으니까
우리를 믿어주세요.

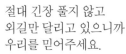

그 회사의 진정성을 믿지 않을 수 없었다.

모든 회사 IR 담당자들이 이렇게 진솔하고 진정성이 있는 것은 아니다.

어떤 곳을 방문하면 대표이사나
CFO*가 직접 나와서 맞이하는 경우도 있다.

● CFO (Chief
Financial Officer)
최고 재무관리자. 회
사의 자금 부분 전체
일을 총괄한다.

그런 경우는 위험한 경우가 많았다.

일반 투자자를 만나기 위해 대표이사나 CFO가 직접 나왔다는 것은
회사 상태가 매우 안 좋다는 증거다.

본업보다 딴 곳에 신경 쓰고 있다는 징조다.

철광 씨가 주식 하고 있는 것을
부인과 자녀들이
어떻게 생각해요?

3년 전에 좀 깨져서 이런 말을 했죠.

나 이제
주식 안 할 거야!

당신이 그러면 안 돼!
우리는 어떻게 살라고!

12년 전에 5000만 원으로 시작해서
공개했다는 계좌는 지금은 얼마 됐어요?

20배 넘게 벌었죠.

20배 넘겼다면…
10억은 넘었구만.

아내가 휴직을 많이 했어요.
애들 국영수 과외는 기본이고,
수영 과외 보내고
줄넘기 과외까지 시켰죠.

ㅎㅎ 줄넘기?
별의별 과외가
다 있구먼.

작년에 가족들이랑 비즈니스 클래스 타고
몰디브에 여행 갔죠. 6성급 호텔에서 자고….

그 얘기가 회사에 흘러들어 가서
소문이 퍼졌는데…

김철광은
상속받은 것이
많다!

우리 월급으로는
절대 할 수 없는 여행을 했으니
부모 잘 만나서 그렇다는 거죠.

ㅎㅎ

대꾸도 안 하고 그냥 넘겼다.

진짜 부자는 저렇다니까.
티를 안 내잖아.

지하철

너무 젊은 나이에 주식으로 큰 돈을 번 친구들 중에는
다니던 직장이 우습게 보여서 직장을 그만두고
방탕하게 사는 친구도 있다.

으아아암

주식 해서 번 돈으로 책을 잔뜩 사서
높은 책장에 꽂아놓고 자랑하다가
6개월 후에는 자랑할 사람이 없어서
책을 버린 사람도 있다.

갑자기 떼돈을 벌면
하고 싶은 것 다 할 수 있지만
옆에서 바라보는 사람들은
그 사람을 천박하게 보더라구요.

품격 없는 놈.

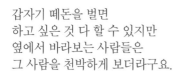

단체 급식을 제공하는 회사들 중에는
대기업 계열사도 있고, 중소 자영업자들도 있다.

대기업 계열사 업체들은
보통 3,000명 이상 대규모 사업장과 거래를 한다.

중소 자영업자들은 3,000명 이하의 소규모 사업장을 주로 운영하고 있었는데,
대기업 계열사 업체들은 이들의 영업권을 인수하고자 노력했지만 쉽지 않았다.
소규모 업체들의 수익성이 좋았기 때문이다.

회사 팔아라.
잘해줄게.

딴 데 가서
알아보셔.

그러다가 벼락이 떨어졌다.

주 52시간 작업하고
최저임금 시간당 1만 원 지급!

주 52시간제는 점심과 저녁 1일 2회 제공했던 급식을
점심만 제공하는 1일 1회 급식으로 바꾸었고,
이것은 매출액 급감으로 이어졌다.
여기에 최저 임금 인상은
비용 상승 효과로 나타났다.
결국 수익이 극적으로 악화되어 구조적 적자로 바뀌면서
중소 자영업자들은 단체 급식 사업장을 유지할 재간이 없게 되었다.

전에 우리 사업권
인수하겠다고 했죠?

아뇨.

갑과 을이 을과 갑으로 상황이 급변했다.

했잖아요.
싸게 넘길 테니 사줘요.

반값으로 넘겨.

대기업 계열사 단체 급식 업체들은 막대한 자금력을 바탕으로
조리를 전문하는 공장과 조리한 음식을 배송하는 물류 시스템을 지역별로 구축한 뒤,
소규모 급식 제공 사업장에 음식을 배송하는 방식으로 구조를 바꾸었다.
대기업 계열사 업체들의 효율성은 중소 자영업체들에 비해 극적으로 높아졌다.
소규모 급식 제공 사업장은 조리 전문 인력을 두지 않아도 되었고,
도저히 손익분기점을 넘길수 없었던 중소 자영업자들의 소규모 사업장도
이런 대규모 설비 투자로 흑자를 낼 수 있게 되었다.

현 정부의 주 52시간제와 최저 임금 인상으로 인하여
단체 급식 서비스를 제공하고 있던 기존의 중소 자영업자들은 급속히 쇠퇴하고 있으며,
그들이 영위했던 소규모 사업장까지 대기업 계열사들이 속속 인수를 하면서
산업은 재편이 되고 있는 중이다.
이런 추세가 계속 이어진다면
몇 년 뒤에는 몇몇 대기업 계열사 단체 급식 제공사 위주로
산업이 재편될 것으로 보인다.
산업 재편이 완료된 뒤에는 이들 업체들의 매출은 크게 증가할 것이며,
수익성까지 개선된다면 그 때는 주가도 크게 상승할 것으로 전망된다.

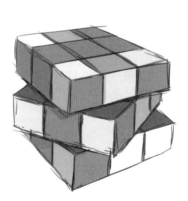

한편으로는 안타깝지만
현실입니다.

아, 그런 사실이….

주 52시간은
사무직으로 출퇴근하는
직장인들을 기준으로
만든 것 같아요.

지방의 논공 단지에 가면
월, 화, 수, 목, 금 일하고
금요일 오후에
집에 가는 사람들이 많거든요.

전에는 회사 주변에 술집도 없고 노래방도 없는 데다
일 끝내고 기숙사 들어가봐야 재미도 없으니까
밤 10시, 11시까지 야근을 했다.

전에는 야근 수당이 붙고 초과 근무 수당이 붙어서 좋았는데,
정부 방침대로 하니까 수입도 줄고
평일 작업이 끝난 후 집에 갈 수도 없다.

사장들 입장에서도 한심하다.

이런 걸 원한 게
아니었는데….
하지 않으면
감옥 간다니까.

어쩌자고 이런 걸
만들었는지, 원!

삼성전자도 시간 되면
알람이 울린대요.

귀하는 더 이상 근무하면
문제가 되니까
빨리 퇴근하시오.

서울에서 기흥으로 출퇴근 버스가 있었는데
밤에 이용해야 할 퇴근 버스를 없애버렸다.

삼성전자의 경쟁자는
한국 기업이 아니고
애플이거든요.

우리가 52시간 지키면
애플도 그렇게 하나요?

일 많기로 소문난
기업입니다.

삼성전자는
밤 10시면
불 꺼져 있고
애플은
11시가 되어도
불이 켜져 있어요.

경쟁에서 한번 뒤처지면
영원히 뒤처지는데
우리는 막혀 있어서
개발이 지지부진한 사이에
경쟁사가 앞서 나가버리면
끝나는 거예요.

까라면 까라니
깝깝해.

중국과 사드 문제로 국내 경제가 어렵다.

허나 이것은 위기일 수도 있고
투자의 기회일 수도 있다.

인도에서 대박 수주를 받은
통신 장비 회사를 방문했다.

대박 수주….
어떻게 된 겁니까?

왜냐면….

중국이 사드 문제로 시비를 거는 것이
한국뿐만 아니라
중국과 국경을 맞대고 있는 나라에
모두 문제를 일으키고 있는 겁니다.
베트남, 필리핀, 인도 등.

우리 회사가 생산하는
통신 장비라는 것이
군사 장비 중에서
가장 대표적인 것이죠.

인도가 중국에 통신 장비를 수주했는데
중국하고 사이가 나빠지니까
통신 장비를 받아 쓰다가
문제가 생기면 복잡해질 수 있다고
생각한 겁니다.

그래서 중국이 아닌
싸고 좋은 통신 장비를
찾다 보니까
한국까지 오게 된 겁니다.
중국의 사드 덕을
본 것이죠, 하하!

주식투자는 흩어져 있는 각종 정보를 놓치지 않고
분석해야 성공할 수 있다.

모든 사물의 앞면은 물론 뒷면의 그림자까지 봐야 한다.

허영만의
주식 타짜
가치 평가의 대가들

개정판 2쇄 발행 2024년 4월 8일

글·그림   허영만

펴낸이   신민식
펴낸곳   가디언
출판등록   제2010-000113호

CD   김혜수
마케팅   이수정
디자인   미래출판기획

종 이   월드페이퍼(주)
인쇄 제본   (주)상지사P&B

주 소   서울시 마포구 토정로 222 한국출판콘텐츠센터 401호
전 화   02-332-4103
팩 스   02-332-4111
이메일   gadian@gadianbooks.com
홈페이지   www.sirubooks.com

ISBN 979-11-6778-121-5 (14320)

✽ 책값은 뒤표지에 적혀 있습니다.
✽ 잘못 만들어진 책은 구입하신 서점에서 바꾸어 드립니다.
✽ 이 책의 전부 또는 일부 내용을 재사용하려면 사전에 가디언의 동의를 받아야 합니다.